El chino paso a paso 1

轻松学中文　练习册

Libro de ejercicios

西班牙文版

Yamin Ma
Xinying Li

北京语言大学出版社
BEIJING LANGUAGE AND CULTURE UNIVERSITY PRESS

图书在版编目(CIP)数据

轻松学中文练习册：西班牙文版.1 / 马亚敏，李欣颖编著. -- 北京：北京语言大学出版社，2014.12(2025.7重印)
ISBN 978-7-5619-3894-2

Ⅰ.①轻… Ⅱ.①马… ②李… Ⅲ.①汉语－对外汉语教学－习题集 Ⅳ.①H195.4

中国版本图书馆CIP数据核字(2014)第289345号

书　　名	轻松学中文 练习册1（西班牙文版）
	QINGSONG XUE ZHONGWEN LIANXICE1 (XIBANYAWEN BAN)

项目负责　　王亚莉
西班牙文翻译　　么俊明
西班牙文编辑　　梁倩茹
西班牙文审订　　Ema Velázquez Burmester
中文编辑　　黄　英　王巧燕
美术策划　　王　宇
封面设计　　王　宇　张　静
责任印制　　邝　天

出版发行　　北京语言大学出版社
社　　址　　北京市海淀区学院路15号　邮政编码：100083
网　　址　　www.blcup.com
编辑部　　8610-8230 3647/3592/3395
国内发行　　8610-8230 3650/3591/3648
海外发行　　8610-8230 0309/3651/3080
读者服务部　　8610-8230 3653
网上订购　　8610-8230 3908　service@blcup.com
印　　刷　　北京富资园科技发展有限公司
经　　销　　全国新华书店

版　　次　　2014年12月第1版　2025年7月第10次印刷
开　　本　　889mm×1194mm　1/16　印张：11.75
字　　数　　159千字
书　　号　　ISBN 978-7-5619-3894-2/H·14159
　　　　　　06800

©2014 北京语言大学出版社

El chino paso a paso (Libro de ejercicios 1)

Editoras　　　　　　Ying Huang, Qiaoyan Wang, Qianru Liang
Diseño Artístico　　Arthur Y. Wang
Diseño de la cubierta　Arthur Y. Wang, Jing Zhang

Publicado por

Beijing Language & Culture University Press
No. 15 Xueyuan Road, Haidian District, Beijing, China 100083

Distribuido por

Beijing Language & Culture University Press
No. 15 Xueyuan Road, Haidian District, Beijing, China 100083

Publicado por primera vez en diciembre de 2014
Copyright ©2014 Beijing Language & Culture University Press

Todos los derechos reservados. Ninguna parte de este libro puede ser reproducida, almacenada en un sistema de recuperación, o transmitida, de ninguna forma o por ningún medio, electrónico, mecánico, fotocopias, grabaciones o cualquier otro, sin permiso previo por escrito del editor.

Página web: www. blcup. com

Printed in China

AGRADECIMIENTOS

Varias personas nos han ayudado en la publicación de este libro. Agradecemos en particular a las siguientes:

- 戚德祥先生，张健女士，郝运先生，王亚莉女士, que confiaron en nuestra competencia en el campo de la enseñanza y aprendizaje del chino.

- Traductora 么俊明 por su esmerada labor.

- Editoras 黄英女士，王巧燕女士，梁倩如女士 y correctora Ema Velázquez Burmester, por su meticuloso trabajo.

- Asesor artístico Arthur Y. Wang y artistas 陆颖，顾海燕，龚华伟，王净, por su habilidad artística en las ilustraciones.

- Y por último, a nuestras familias, que siempre nos han dado un generoso apoyo.

ÍNDICE 目录

Unidad 1	Lección 1	Pinyin. Trazos básicos	拼音、基本笔画	1
	Lección 2	Pinyin. Números	拼音、数字	6
	Lección 3	Saludos	问候	12
	Revisión / Prueba		复习/测验	20
Unidad 2	Lección 4	Fechas	日期	24
	Lección 5	Edad	年龄	36
	Lección 6	Números de teléfono	电话号码	46
	Revisión / Prueba		复习/测验	56
Unidad 3	Lección 7	Miembros de la familia	家庭成员	62
	Lección 8	Presentación personal	自我介绍	72
	Lección 9	Profesiones	职业	82
	Revisión / Prueba		复习/测验	92
Unidad 4	Lección 10	La hora	时间	98
	Lección 11	Rutina diaria	日常起居	108
	Lección 12	Medios de transporte	交通工具	118
	Revisión / Prueba		复习/测验	128
Unidad 5	Lección 13	Colores	颜色	134
	Lección 14	Ropa	穿着	146
	Lección 15	Partes del cuerpo	人体部位	158
	Revisión / Prueba		复习/测验	170
Vocabulario			词汇表	176

Unidad 1

Lección 1 Pinyin. Trazos básicos 拼音、基本笔画

1 Copia los trazos básicos.

	diǎn						

	héng						

	shù						

	piě						

	nà						

	tí						

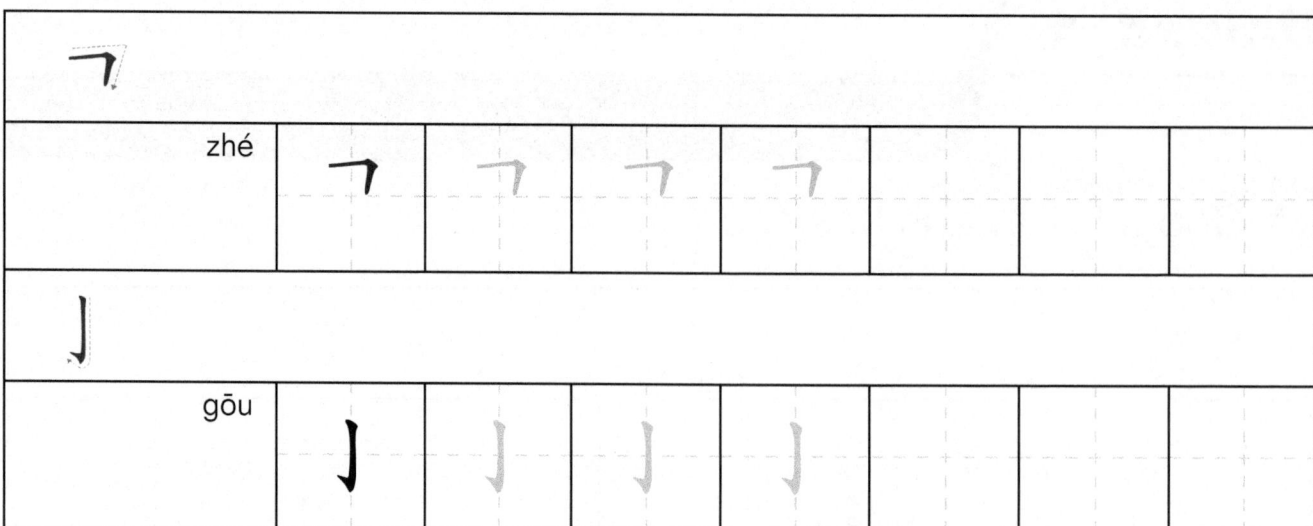

2 Escribe los trazos.

1.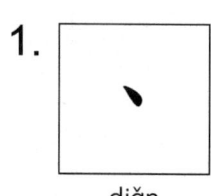
diǎn

2.
nà

3.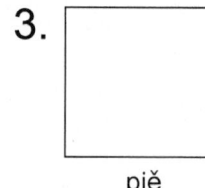
piě

4.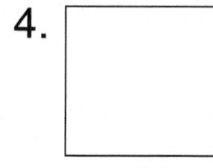
zhé

5.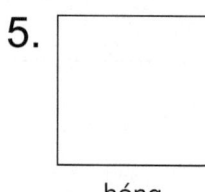
héng

6.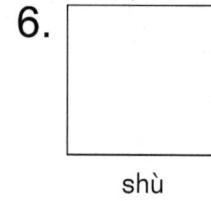
shù

7.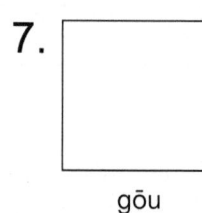
gōu

8.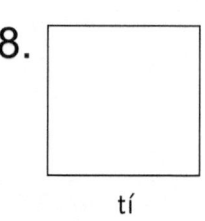
tí

3 Nombra los trazos resaltados.

1.
zhé

2.

3.

4.

5.

6.

7.

8.

4 Copia los trazos adicionales.

㇖							
	㇖	㇖	㇖	㇖			
㇆							
	㇆	㇆	㇆	㇆			
㇟							
	㇟	㇟	㇟	㇟			
㇉							
	㇉	㇉	㇉	㇉			

5 Escribe los trazos del recuadro.

1. 又
2. 亡
3. 衣
4. 女
5. 子
6. 台
7. 买
8. 巾
9. 毛
10. 马

Trazos Adicionales	
又 ㇇	㇗
㇙	㇛
㇚	㇜
㇆	㇖
㇟	㇉

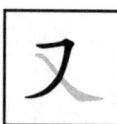

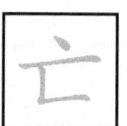

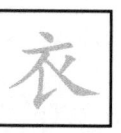

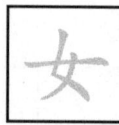

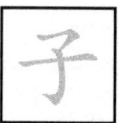

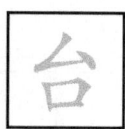

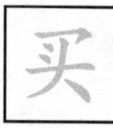

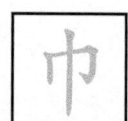

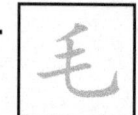

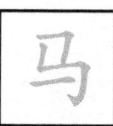

6 Marca el tono del pinyin.

1	rì — 4º tono	2	he — 1º tono	3	ta — 4º tono	4	fa — 2º tono
5	che — 4º tono	6	lü — 2º tono	7	qi — 1º tono	8	chu — 4º tono
9	cha — 1º tono	10	ji — 3º tono	11	ke — 4º tono	12	zhu — 1º tono

7 Busca el trazo y escríbelo sobre el carácter.

1. ㇆ 早 (zǎo)
2. 丿 分 (fēn)
3. ㇀ 饭 (fàn)
4. 𠃊 每 (měi)
5. ㇂ 很 (hěn)
6. 𠃋 红 (hóng)
7.) 狗 (gǒu)
8. 𠃋 套 (tào)
9. ㇆ 发 (fà)
10. ㇆ 加 (jiā)
11. ㇄ 色 (sè)
12. 𠃌 马 (mǎ)

8 Escribe los trazos.

一							
héng	diǎn	shù	gōu	piě	zhé	nà	tí

Unidad 1

Lección 2   Pinyin. Números 拼音、数字

1 Marca el tono del pinyin.

1	bà — 4º tono	2	di — 1º tono	3	mo — 2º tono	4	fu — 3º tono
5	zi — 3º tono	6	nü — 3º tono	7	ge — 1º tono	8	xu — 2º tono
9	zhi — 4º tono	10	cha — 2º tono	11	shu — 1º tono	12	re — 4º tono

2 Escribe los trazos.

1. héng
2. shù
3. diǎn
4. tí
5. zhé
6. gōu
7. piě
8. nà

3 Escribe los trazos adicionales.

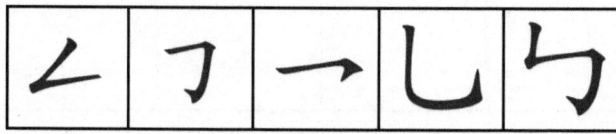

4 Copia el vocabulario del Texto 2.

一							
yī uno	一	一	一	一			
一 二							
èr dos	二	二	二	二			
一 二 三							
sān tres	三	三	三	三			
丨 冂 冂 四 四							
sì cuatro	四	四	四	四			
一 丆 五 五							
wǔ cinco	五	五	五	五			
丶 亠 六 六							
liù seis	六	六	六	六			

一　七							
qī siete	七	七	七	七			
ノ　八							
bā ocho	八	八	八	八			
ノ　九							
jiǔ nueve	九	九	九	九			
一　十							
shí diez	十	十	十	十			

5 Numera los trazos según su orden de escritura.

1 言 (①②③④⑤⑥⑦)

2 夕

3 山

4 火

5 王

6 大

7 车

8 止

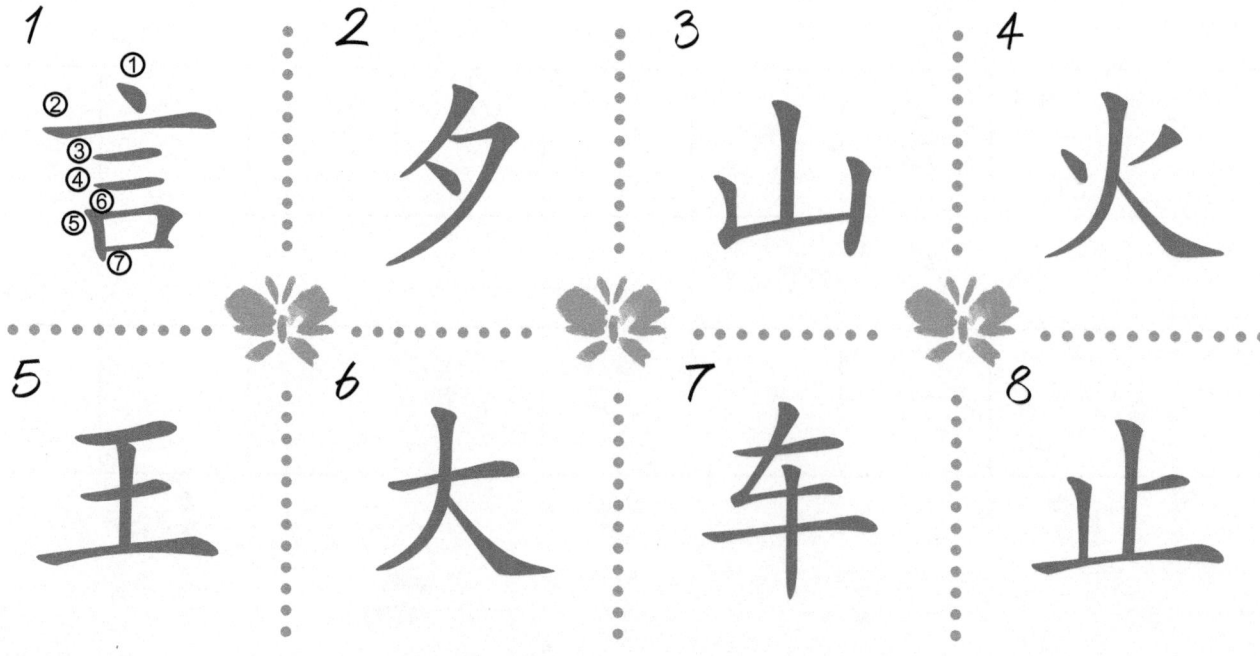

6 Cuenta los trazos de cada carácter.

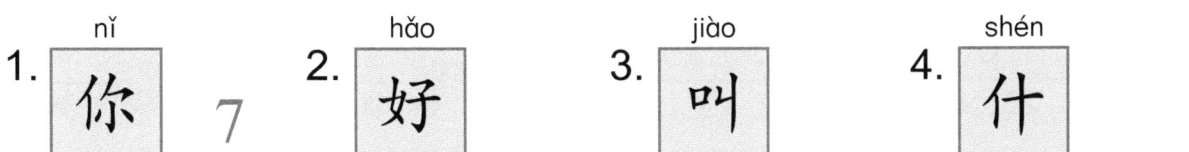

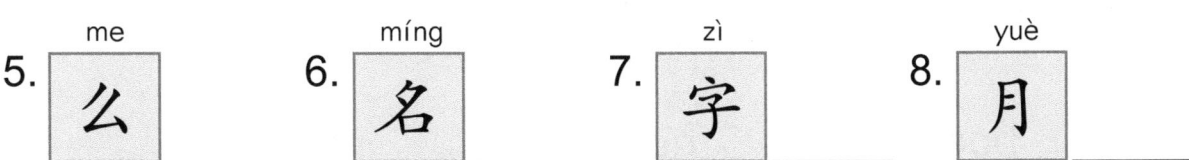

7 Ordena los caracteres de forma creciente según su cantidad de trazos.

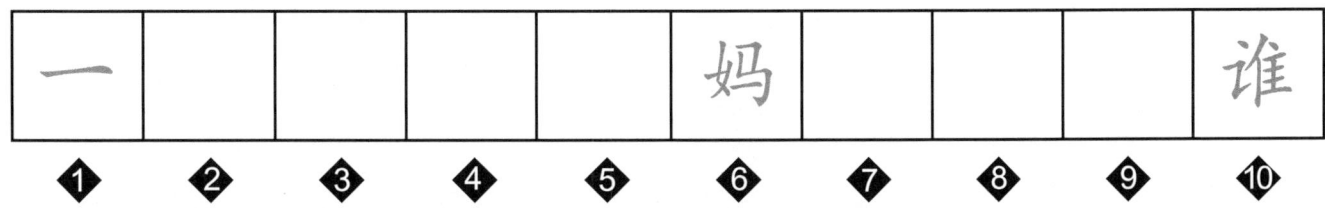

8 Escribe el pinyin de cada número.

9 Marca el tono del pinyin.

1	pó — 2º tono	2	mi — 3º tono	3	le — 4º tono	4	ke — 3º tono
5	na — 3º tono	6	zhe — 4º tono	7	sha — 3º tono	8	ca — 1º tono
9	bao — 3º tono	10	nuo — 2º tono	11	rou — 4º tono	12	niu — 2º tono
13	zhui — 4º tono	14	chang — 3º tono	15	shou — 3º tono	16	rong — 2º tono

10 Escribe los números en chino.

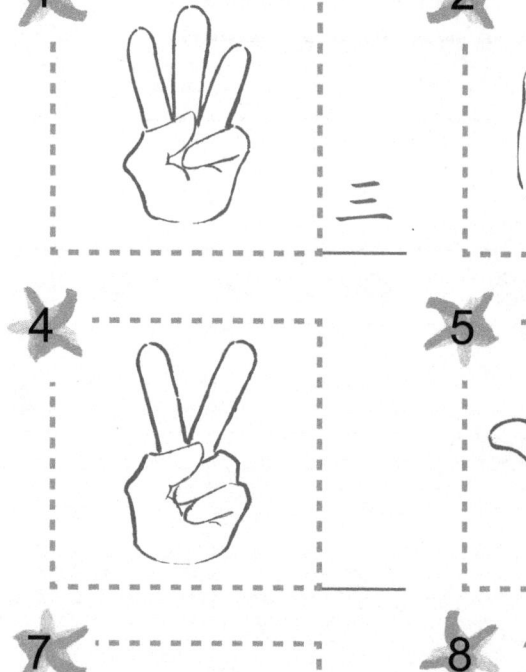

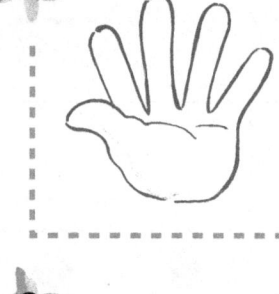

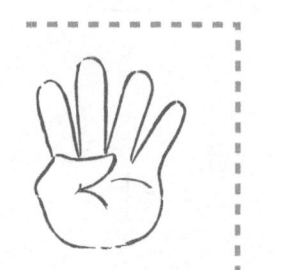

11 Escribe los números según las secuencias mostradas.

1. yī èr _____ _____ _____ _____ qī
   一 二 _____ _____ _____ _____ 七

2. èr sì _____ _____ _____ _____ shí sì
   二 四 _____ _____ _____ _____ 十四

3. sān wǔ _____ _____ _____ _____ shí wǔ
   三 五 _____ _____ _____ _____ 十五

4. shí sān shí liù _____ _____ èr shí wǔ
   十三 十六 _____ _____ 二十五

5. èr shí èr èr shí liù _____ _____ sān shí bā
   二十二 二十六 _____ _____ 三十八

12 Pon los tonos en las posiciones correctas.

1. mìu   miù   2. hǔi _____   3. zhaǒ _____

4. xíong _____   5. nońg _____   6. maǐ _____

7. lùan _____   8. jǐu _____   9. lìang _____

10. goǔ _____   11. zùo _____   12. rùi _____

Unidad 1

Lección 3 Saludos 问候

1 Copia el vocabulario del Texto 1.

丿 亻 亻 仁 仁 你 你 你 您 您 您						
nín usted	您	您	您	您		
ㄑ 夕 女 女 好 好						
hǎo bueno; bien	好	好	好	好		
丿 亻 亻 仁 仁 你 你						
nǐ tú	你	你	你	你		
一 厂 丌 丙 丙 再						
zài otra vez	再	再	再	再		
丨 冂 贝 见						
jiàn ver	见	见	见	见		

2 Escribe los trazos.

1. 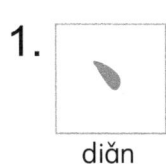 diǎn
2. 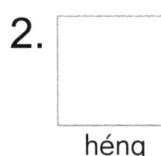 héng
3. 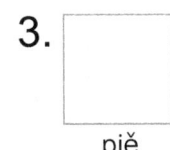 piě
4. 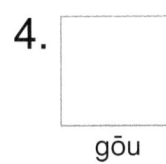 gōu
5. 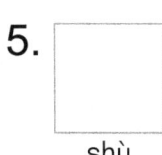 shù
6. 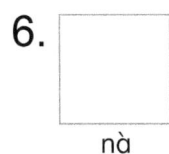 nà
7. 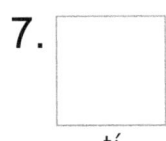 tí
8. 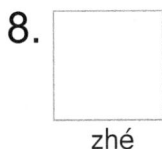 zhé

3 Escribe el pinyin de cada número.

1. 一 yī
2. 八
3. 十
4. 二
5. 五
6. 三
7. 六
8. 九
9. 四
10. 七

4 Corrige los errores del pinyin.

1. 你 mǐ nǐ
2. 好 haǒ
3. 您 nǐn
4. 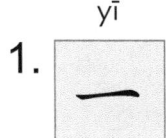 再 zaì
5.  见 jìan

5 Escribe los números en chino.

1

2

3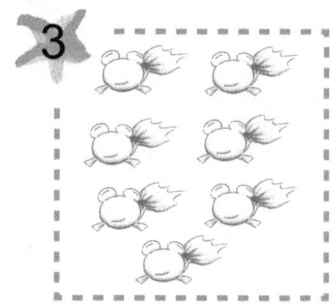

三
_____   _____   _____

4

5

6

_____   _____   _____

6 Marca el tono del pinyin.

1 jiǎo
   3º tono

2 ming
   2º tono

3 xiao
   3º tono

4 da
   4º tono

5 wo
   3º tono

6 yue
   4º tono

7 zi
   4º tono

8 yi
   1º tono

9 san
   1º tono

10 jiu
   3º tono

11 wu
   3º tono

12 liu
   4º tono

7 Escribe los diálogos en los globos.

8 Cuenta los trazos de cada carácter.

1. jiǔ 九 _2_
2. wǔ 五 ___
3. nǐ 你 ___
4. liù 六 ___
5. nín 您 ___
6. zài 再 ___
7. hǎo 好 ___
8. jiàn 见 ___

9 Copia el vocabulario del Texto 2.

丨 口 口 叩 叫						
jiào llamar; llamarse	叫	叫	叫	叫		
丿 亻 仁 什 丿 厶 么						
shénme qué	什 么	什 么				
丿 夕 夕 夕 名 名						
míng nombre	名	名	名	名		
丶 丷 宀 宀 宁 字						
zì carácter	字	字	字	字		
丿 二 干 手 我 我 我						
wǒ yo	我	我	我	我		
亅 小 小						
xiǎo pequeño	小	小	小	小		

	ノ 几 月 月						
yuè luna; mes	月	月	月	月			

	一 ナ 大						
dà grande	大	大	大	大			

	ノ ヒ 는 牛 生						
shēng nacer; estudiante	生	生	生	生			

10 Completa los casilleros con los números que faltan.

一		三		

(columna vertical descendente desde 三)

		六	七			

11 Escribe el pinyin de cada palabra.

1. zài jiàn 再见   2. 你好 ___   3. 什么 ___

4. 我 ___   5. 叫 ___   6. 小 ___   7. 名字 ___

8. 大 ___   9. 月 ___   10. 生 ___   11. 七 ___

12 Escribe el significado de cada palabra.

1. shén me 什么 qué   2. míng zi 名字 ___   3. yuè 月 ___

4. nǐ hǎo 你好 ___   5. zài jiàn 再见 ___   6. xiǎo 小 ___

13 Escribe sobre el trazo indicado.

1. xiǎo 小 diǎn   2. shēng 生 héng   3. jiào 叫 shù   4. jiàn 见 piě

5. wǒ 我 gōu   6. wǔ 五 zhé   7. bā 八 nà   8. xí 习 tí

14 Agrupa los caracteres.

1. 3 trazos: 小
2. 4 trazos:
3. 5 trazos:
4. 6 trazos:
5. 7 trazos:

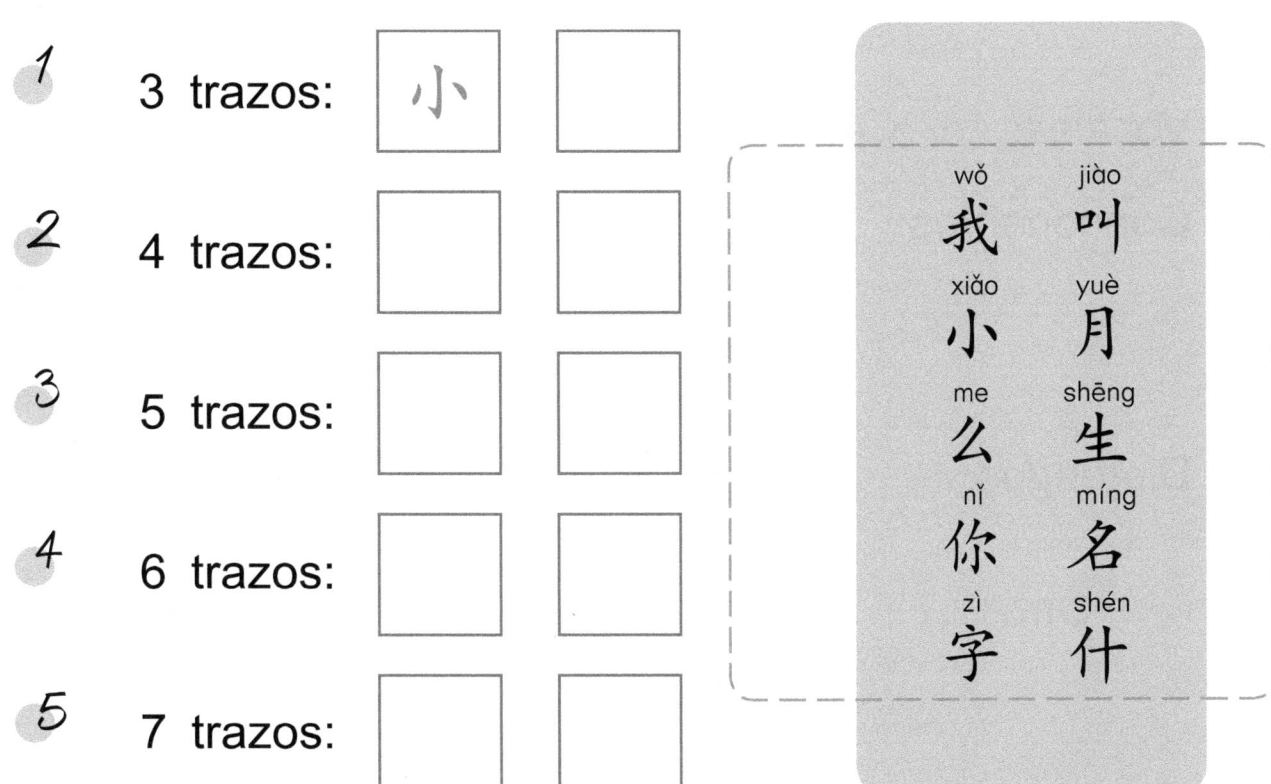

15 Escribe la pregunta en el globo.

我叫小月。

Unidad 1   Revisión

1 Vocales: a o e i u ü

2 Consonantes: b p m f, d t n l,
g k h, j q x,
z c s, zh ch sh r, y w

3 Diptongos: ai ei ui ao ou iu ie üe er

   Otros: an en in un ün
ang eng ing ong

4 Los cuatro tonos: ‐ ´ ˇ `

5 Trazos básicos: 丶 一 丨 丿 ㇏ 亅 ⺄ 亅

6 Números:
yī èr sān sì wǔ liù qī bā jiǔ shí
一 二 三 四 五 六 七 八 九 十

7 Saludos:
nǐ hǎo   nín hǎo   zài jiàn
你好！   您好！   再见！

8 Nombres:
dà shēng   xiǎo yuè
大生   小月

9 Preguntas y respuestas.

   nǐ jiào shén me míng zi
A：你叫什么名字？

   wǒ jiào dà shēng
B：我叫大生。

Unidad 1   Prueba

1 Marca los tonos correspondientes.

1	bā	2	po	3	nü	4	tao
	1º tono		2º tono		3º tono		4º tono

5	gui	6	pian	7	liang	8	zhuan
	1º tono		4º tono		2º tono		3º tono

2 Escribe el pinyin de los números.

1. 一 (yī)   2. 二   3. 三   4. 四   5. 五

6. 六   7. 七   8. 八   9. 九   10. 十

3 Marca el pinyin correcto.

1. 您   a) nín   b) nìn   4. 好   a) háo   b) hǎo

2. 再   a) zài   b) zhài   5. 见   a) jàn   b) jiàn

3. 叫   a) jiào   b) zhào   6. 小   a) xiǎo   b) shǎo

4 Numera el orden de los trazos.

① 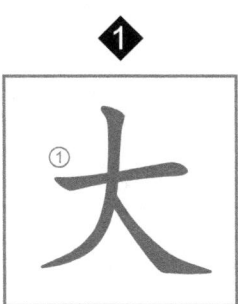   ②    ③    ④

5 Escribe los números en chino.

1. 15 _____   2. 37 _____   3. 26 _____

4. 48 _____   5. 69 _____   6. 90 _____

6 Dibuja la estructura de cada carácter.

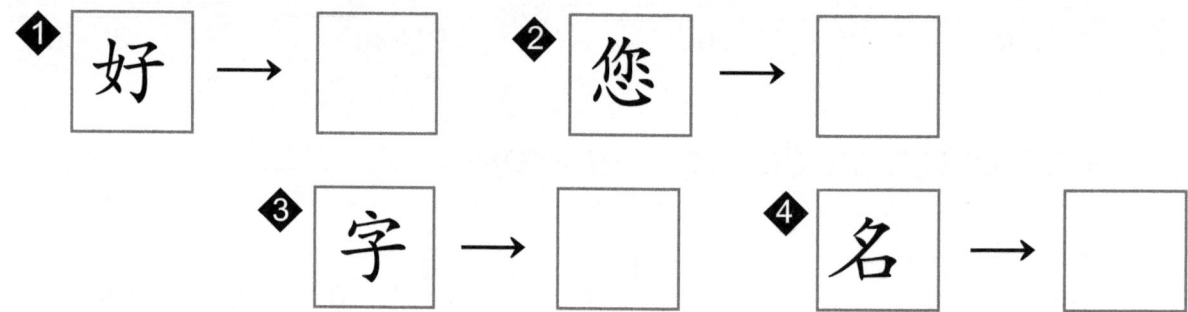

7 Cuenta los trazos de cada carácter.

1. 四 __5__   2. 九 ____   3. 好 ____   4. 我 ____

5. 大 ____   6. 月 ____   7. 名 ____   8. 生 ____

8 Escribe los trazos básicos.

1. diǎn   2. héng   3. shù   4. zhé

5. tí   6. piě   7. gōu   8. nà

9 Escribe los números según las secuencias mostradas.

◆1 一、三、____、____、____、____、____

◆2 二、四、____、____、____、____、____

◆3 十一、十五、____、____、____

◆4 二十、二十二、____、____、____

10 Pon los tonos en las posiciones correctas.

	liu		jian		jiao		shen		yue		xiao
1.	六	2.	见	3.	叫	4.	什	5.	月	6.	小

11 Completa los diálogos.

1
A: 你好！
B: ____

2
A: 再见！
B: ____

3
A: ____
B: 我叫大生。

Unidad 2

Lección 4   Fechas 日期

1 Copia los radicales.

	ノ 亻						
persona de pie	亻	亻	亻	亻			
	く 女 女						
mujer	女	女	女	女			
	丨 冂 口						
boca	口	口	口	口			
	ノ 勹 夕						
puesta de sol	夕	夕	夕	夕			
	丶 丷 宀						
techo con chimenea	宀	宀	宀	宀			
	丶 心 心 心						
corazón	心	心	心	心			

2 Copia el vocabulario del Texto 1.

丶 丨 冂 日 日 尸 戸 旦 早 星 星						
xīng estrella	星	星	星	星		
一 十 卄 廿 甘 甘 其 其 其 期 期 期 期						
qī periodo de tiempo	期	期	期	期		
一 二 チ 天						
tiān cielo; día	天	天	天	天		
丨 冂 月 日						
rì sol; día	日	日	日	日		

3 Cuenta los trazos de cada carácter.

1. nǐ 你 7
2. xīng 星 ___
3. qī 期 ___
4. dà 大 ___

5. rì 日 ___
6. tiān 天 ___
7. yuè 月 ___
8. xiǎo 小 ___

4 Escribe los meses en chino.

❶ enero 一月	❷ febrero	❸ marzo
❹ abril	❺ mayo	❻ junio
❼ julio	❽ agosto	❾ septiembre
❿ octubre	⓫ noviembre	⓬ diciembre

5 Escribe el pinyin y el significado de cada palabra.

1. xiǎo 小 — pequeño
2. 日 — ___
3. 天 — ___
4. 星期 — ___

6 Analiza los caracteres.

1. 你 (nǐ) 亻 尔
2. 好 (hǎo) ____ ____
3. 星 (xīng) ____ ____
4. 期 (qī) ____ ____
5. 叫 (jiào) ____ ____
6. 字 (zì) ____ ____
7. 什 (shén) ____ ____
8. 您 (nín) ____ ____ ____

7 Une los dibujos con las respuestas del recuadro.

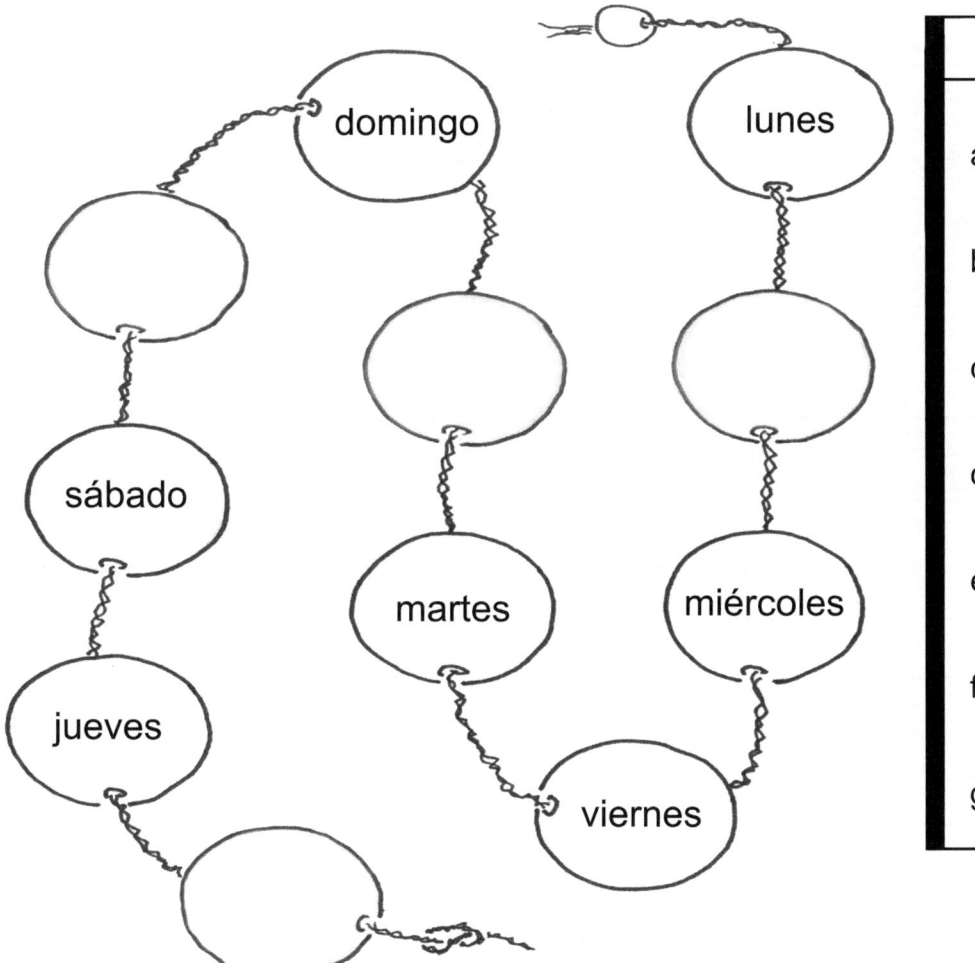

Respuestas

a) 星期一 (xīng qī yī)
b) 星期二 (xīng qī èr)
c) 星期三 (xīng qī sān)
d) 星期四 (xīng qī sì)
e) 星期五 (xīng qī wǔ)
f) 星期六 (xīng qī liù)
g) 星期日／天 (xīng qī rì / tiān)

8 Copia el vocabulario del Texto 2.

ノ 人 ㅅ 今							
jīn ahora; hoy	今	今	今	今			

ノ ㇉ ⸝ ⸝ 뜨 年							
nián año	年	年	年	年			

丨 冂 日 日 旦 早 呈 昰 是							
shì ser	是	是	是	是			

丨 冂 口 口 므 号							
hào número	号	号	号	号			

丨 冂 日 日 旷 昨 昨 昨							
zuó ayer	昨	昨	昨	昨			

ノ 几							
jǐ cuánto	几	几	几	几			

丨	冂	月	日	明	明	明	明
míng luminoso; siguiente	明	明	明	明			

9 Escribe el significado de cada palabra.

1. xīng qī 星期 _semana_
2. shén me 什么 _____
3. zuó tiān 昨天 _____
4. míng zi 名字 _____
5. jīn tiān 今天 _____
6. míng tiān 明天 _____
7. liù hào 六号 _____
8. qī yuè 七月 _____
9. zài jiàn 再见 _____

10 Escribe los radicales.

❶ 你

❷ 好

❸ 叫

❹ 名

❺ 字

❻ 您

11 Escribe las fechas en chino.

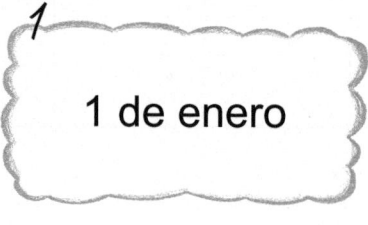
1 de enero

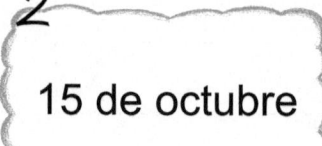
15 de octubre

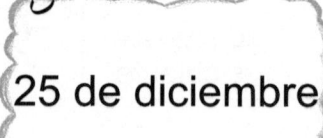
25 de diciembre

一月一日 　　　　　　　＿＿＿＿＿＿　　　　　＿＿＿＿＿＿

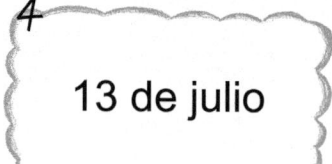
13 de julio

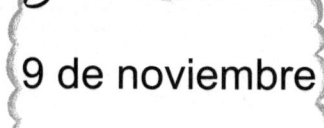
9 de noviembre

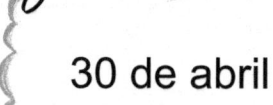
30 de abril

＿＿＿＿＿＿　　　　　＿＿＿＿＿＿　　　　　＿＿＿＿＿＿

12 Escribe el pinyin de cada palabra.

1. míng zi 名字
2. 十月
3. 九号
4. 什么
5. 你好
6. 再见
7. 您好
8. 星期
9. 今年

13 Dibuja la estructura de cada carácter.

1. qī 期 → ☐
2. nín 您 → ☐
3. jiào 叫 → ☐
4. zì 字 → ☐
5. míng 名 → ☐
6. xīng 星 → ☐
7. zuó 昨 → ☐
8. zhè 这 → ☐
9. xiè 谢 → ☐

14 Completa las frases.

1. jīn tiān wǔ yuè qī hào
今天五月七号。
   míng tiān
   明天_____。

2. jīn tiān èr yuè shí èr rì
今天二月十二日。
   zuó tiān
   昨天_____。

3. jīn tiān jiǔ yuè qī hào
今天九月七号。
   míng tiān
   明天_____。

4. jīn tiān èr yuè shí èr rì
今天二月十二日。
   míng tiān
   明天_____。

5. zuó tiān xīng qī sì
昨天星期四。
   míng tiān
   明天_____。

6. jīn tiān shí èr yuè shí sì rì
今天十二月十四日。
   zuó tiān
   昨天_____。

15 Escribe las fechas en chino.

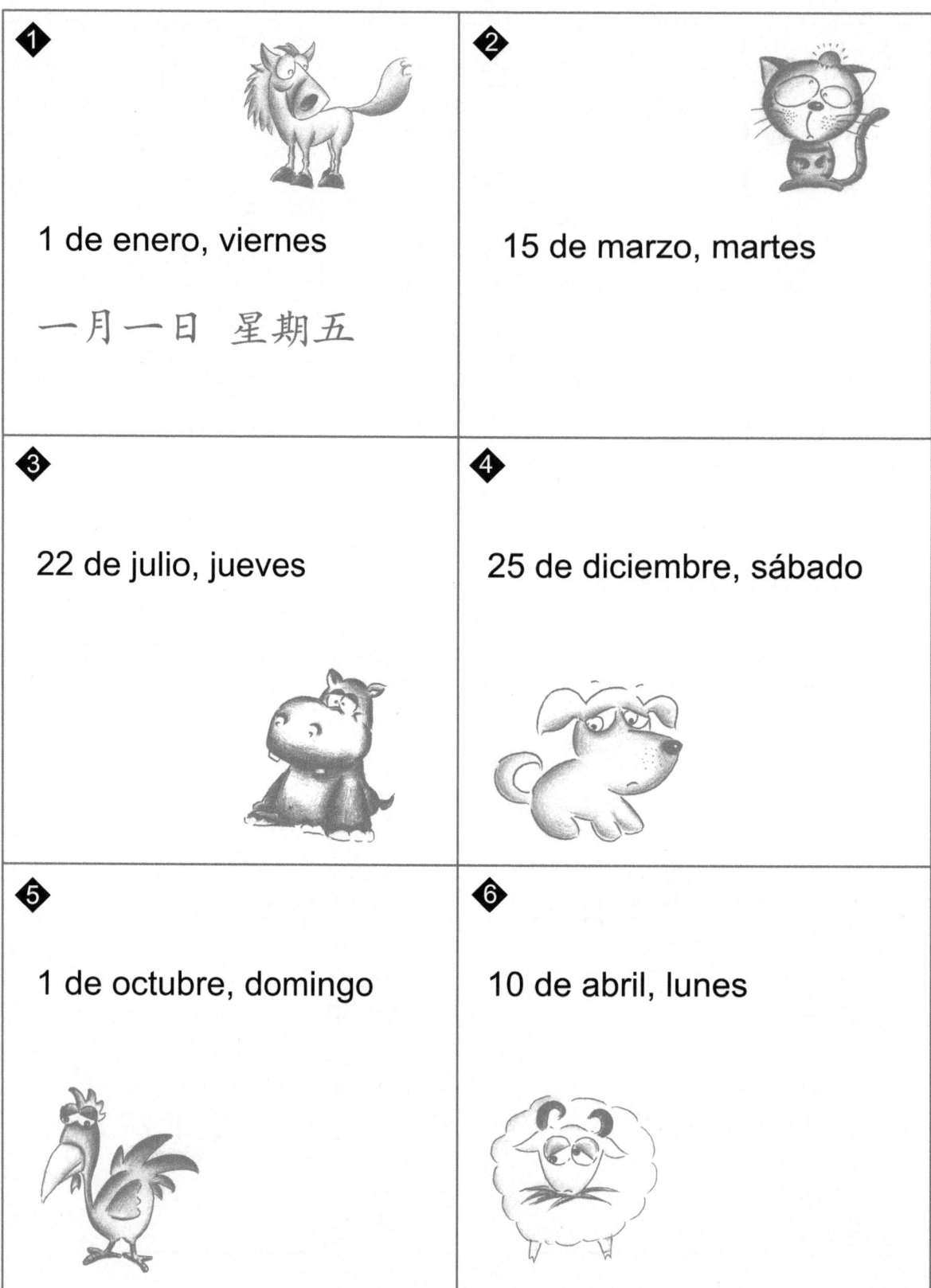

16 Traduce del español al chino.

1. qué   什么

2. nombre _____

3. semana _____

4. este año _____

5. ayer _____

6. hoy _____

7. mañana _____

8. domingo _____

17 Completa los diálogos.

1. A：nǐ hǎo
   你好！

   B：_____。

2. A：zài jiàn
   再见！

   B：_____。

3. A：jīn tiān jǐ hào
   今天几号？

   B：_____。

4. A：zuó tiān xīng qī jǐ
   昨天星期几？

   B：_____。

5. A：míng tiān jǐ hào
   明天几号？

   B：_____。

6. A：jīn tiān xīng qī jǐ
   今天星期几？

   B：_____。

18 Escribe el número de teléfono de tu casa en chino.

19 Completa los diálogos.

你叫什么名字？

今天几号？
20 de enero

1 | 2

昨天几号？
25 de diciembre (hoy)

你好！

3 | 4

再见！

明天星期几？
sábado (hoy)

5 | 6

20 Ordena las palabras para formar una oración.

1. 叫 / 你 / 名字 / 什么 / ?

   你叫什么名字？

2. 三月 / 今天 / 十号 / 。

   _____

3. 是 / 今年 / 二〇一四年 / 。

   _____

4. 星期四 / 昨天 / 。

   _____

5. 几号 / 明天 / ?

   _____

6. 星期几 / 今天 / ?

   _____

21 Traduce del español al chino.

1. ¡Hola!

2. ¡Adiós!

3. ¿Cómo te llamas?

4. Mi nombre es Xiaoyue.

5. Este es el año 2014.

6. Hoy es martes.

7. Ayer fue 10 de junio.

8. Mañana es 25 de marzo.

Unidad 2

Lección 5 Edad 年龄

1 Copia los radicales.

ノ 人							
persona estirada	人	人	人	人			
ノ 亻							
persona dormida	亻	亻	亻	亻			
丨 冂 日 日							
sol	日	日	日	日			
ノ 刀 月 月							
carne	月	月	月	月			
丨 山 山							
montaña	山	山	山	山			
一 二 千 王							
jade	王	王	王	王			

2 Copia el vocabulario del Texto 1.

	一 ナ 才 在 在 在						
zài en	在	在	在	在			
	丶 凵 中 出 出						
chū ir o salir	出	出	出	出			
	ノ 亻 冇 白 白 白′ 的 的						
de de	的	的	的	的			

3 Cuenta los trazos de cada carácter.

1. jīn 今 __4__
2. nián 年 ____
3. chū 出 ____
4. shēng 生 ____
5. zài 在 ____
6. shì 是 ____
7. zuó 昨 ____
8. míng 明 ____

4 Escribe los números en chino.

❶ 15 十五
❷ 34 ____
❸ 26 ____
❹ 99 ____
❺ 80 ____
❻ 73 ____
❼ 40 ____
❽ 9 ____
❾ 61 ____

5 Corrige los errores del pinyin de cada carácter.

1. ~~zèi~~ zài 在
2. ~~qū~~ ___ 出
3. ~~haò~~ ___ 号
4. ~~zóu~~ ___ 昨
5. ~~mín~~ ___ 明
6. ~~sì~~ ___ 是

6 Escribe lo siguiente en chino.

1. 10 de febrero

2. viernes

3. 8 de marzo

二月十号

4. Año 2000

5. jueves

6. 20 de julio

7. 29 de junio

8. lunes

9. Año 2014

7. Escribe el pinyin y el significado de cada palabra.

1. 什么 — shén me / qué
2. 出生 —
3. 生日 —
4. 今年 —
5. 明天 —
6. 星期 —

8. Traduce del chino al español.

1. 我(在)一九九五年出生。
   wǒ zài yī jiǔ jiǔ wǔ nián chū shēng

2. 今天星期四。
   jīn tiān xīng qī sì

3. 我的生日是三月十九日。
   wǒ de shēng rì shì sān yuè shí jiǔ rì

4. 我叫小月。
   wǒ jiào xiǎo yuè

5. 昨天五月一日。
   zuó tiān wǔ yuè yī rì

6. 明天星期天。
   míng tiān xīng qī tiān

9. Completa los casilleros con los números que faltan de acuerdo con la secuencia.

èr			bā		shí èr		
二			八		十二		

10 Ordena las palabras para formar una oración.

1. 出生 / 我 / 一九九六年 / 。 → _____
2. 二月十日 / 我的生日 / 是 / 。 → _____
3. 大生 / 叫 / 我 / 。 → _____
4. 二〇一四年 / 是 / 今年 / 。 → _____

11 Escribe un diálogo o frase para cada imagen.

12 Copia el vocabulario del Texto 2.

一 二 干 王							
wáng rey; un apellido	王	王	王	王			
ノ ク タ タ 多 多							
duō mucho	多	多	多	多			
了 了							
le partícula	了	了	了	了			
ノ 亻 仁 他 他							
tā él	他	他	他	他			
、 一 ナ 文							
wén cultura; civilización	文	文	文	文			
丨 凵 山 屵 岁 岁							
suì años (de edad)	岁	岁	岁	岁			

	ㄑ ㇄ 女 如 如 她						
tā ella	她	她	她	她			

13 Dibuja la estructura de cada carácter.

1. míng 明 → ☐
2. duō 多 → ☐
3. tā 他 → ☐

4. nín 您 → ☐
5. hǎo 好 → ☐
6. suì 岁 → ☐

7. tā 她 → ☐
8. shì 是 → ☐
9. nǐ 你 → ☐

14 Completa los diálogos.

1. A：tā duō dà le 他多大了？(19)
   B：十九岁。

2. A：tā jǐ suì le 她几岁了？(6)
   B：_____

3. A：_____
   B：jīn tiān xīng qī sān 今天星期三。

4. A：_____
   B：jīn tiān liù yuè shí hào 今天六月十号。

15 Escribe el significado de cada radical.

1. 亻: _____ 2. 女: _____ 3. 口: _____ 4. 夕: _____

5. 宀: _____ 6. 心: _____ 7. 山: _____ 8. 王: _____

16 Escribe sobre el trazo indicado.

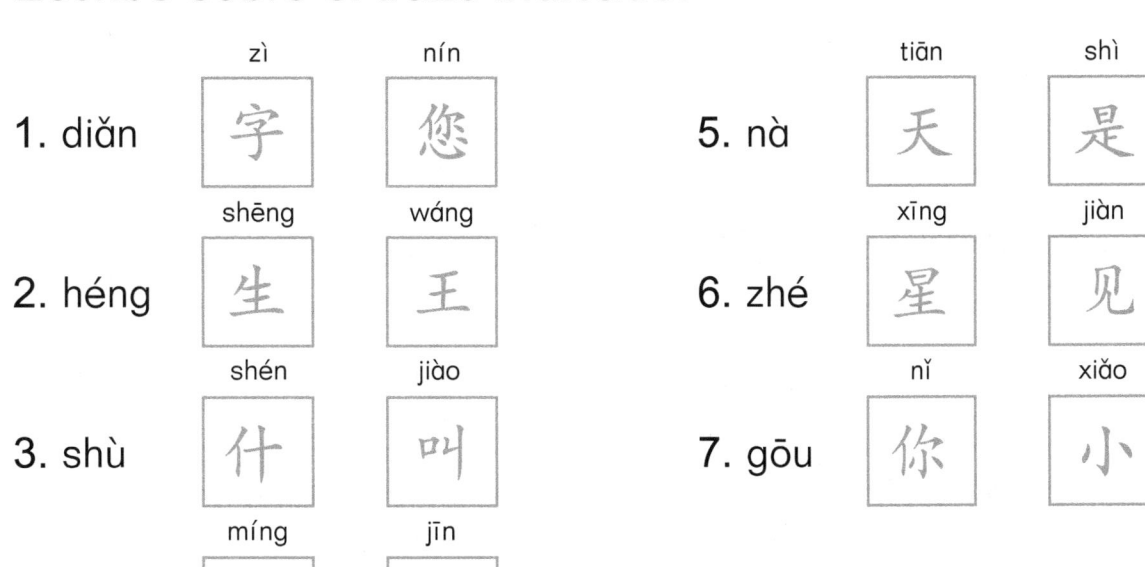

17 Escribe los caracteres.

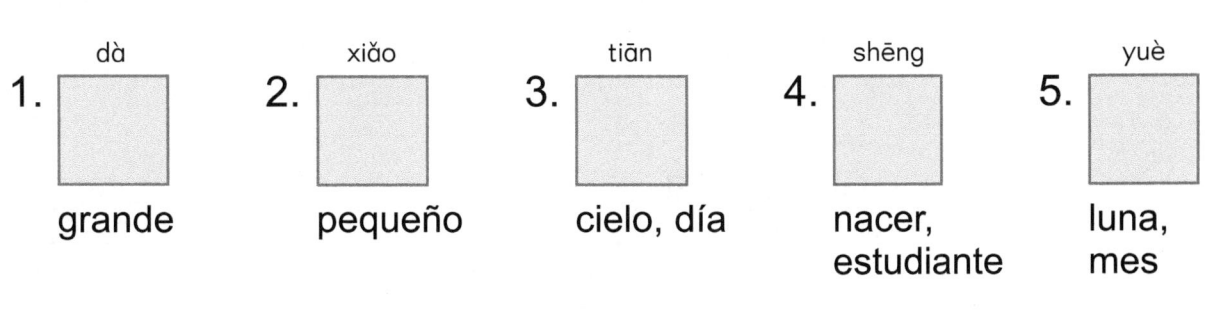

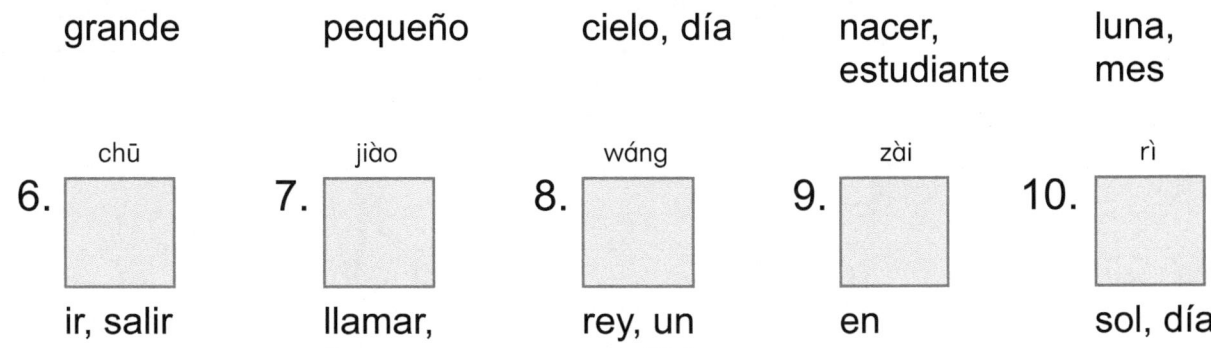

18 Busca en el recuadro el carácter que falta para formar una palabra.

jiàn	hǎo	me	zì	tiān	dà	qī	shēng
见	好̶	么	字	天	大	期	生

1. nǐ 你 好
2. míng 名 ___
3. xīng 星 ___
4. míng 明 ___
5. shén 什 ___
6. zài 再 ___
7. duō 多 ___
8. chū 出 ___

19 Completa los diálogos.

1. 我六岁。
2. 二月十日。
3. 我叫王月。
4. 今天星期几?

20 Escribe los radicales.

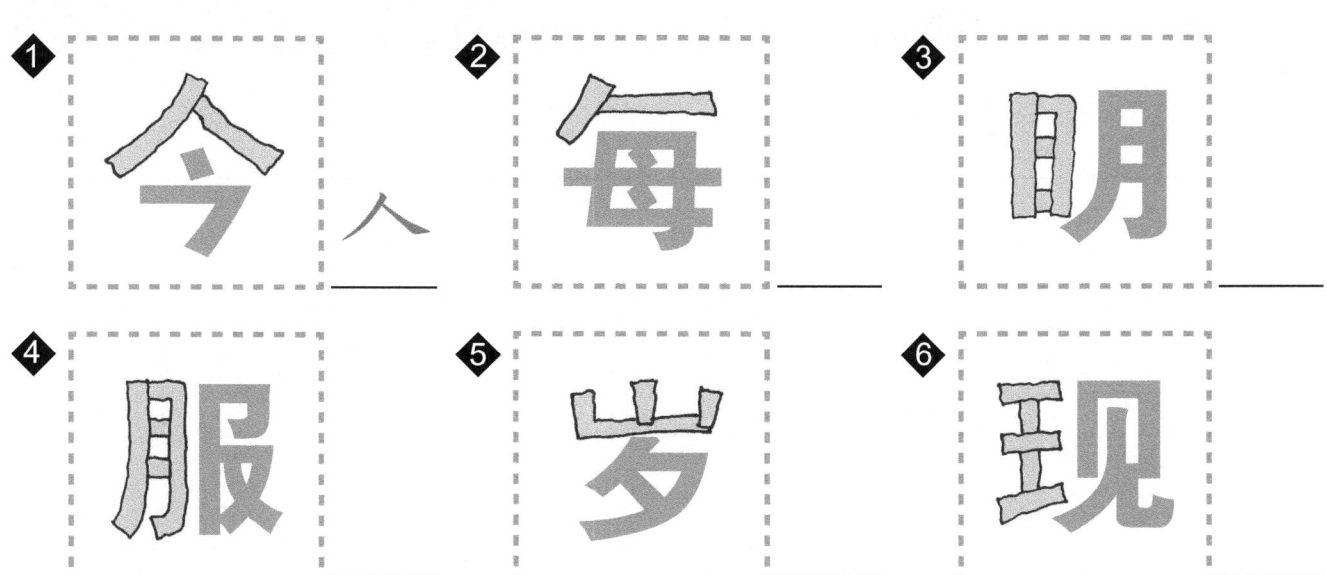

21 Busca el radical de cada carácter. Escríbelo.

Unidad 2

Lección 6   Números de teléfono   电话号码

1 Copia los radicales.

丶 讠							
hablar	讠	讠	讠	讠			
一 厂 ア 石 石							
roca	石	石	石	石			
丨 ⺌ ⺌							
(小) pequeño	⺌	⺌	⺌	⺌			
丿 亻 白 白 白							
blanco	白	白	白	白			
㇌ 阝							
oreja	阝	阝	阝	阝			
乚 纟 纟							
seda	纟	纟	纟	纟			

2 Copia el vocabulario del Texto 1.

丶	丶	宀	宀	宁	宁	宇	家	家	家

jiā familia; hogar	家	家	家	家			

丨	冂	冂	曰	电					

diàn electricidad	电	电	电	电			

丶	讠	讠	讠	诂	话	话	话		

huà palabra; hablar	话	话	话	话			

一	丆	丆	石	石	石	码	码		

mǎ número	码	码	码	码			

丨	丨	小	少						

shǎo poco	少	少	少	少			

3 Busca en el recuadro el carácter que falta para formar una palabra.

1. 电<u>话</u> (diàn)
2. 多___ (duō)
3. 号___ (hào)
4. 你___ (nǐ)
5. 今___ (jīn)
6. 什___ (shén)
7. 生___ (shēng)
8. 星___ (xīng)
9. 名___ (míng)
10. 昨___ (zuó)
11. 出___ (chū)
12. 再___ (zài)

话	少	码
见	字	日
生	天	年
么	期	好

4 Busca caracteres con el mismo número de trazos.

◆ 2 trazos 了 ☐

◆ 3 trazos ☐ ☐ ☐

◆ 4 trazos ☐ ☐ ☐ ☐

5 Escribe los radicales.

1. 的 白
2. 常 ___
3. 语 ___
4. 都 ___
5. 码 ___
6. 级 ___

6 Escribe los números de teléfono en chino.

1. 2576 3079
   二五七六 三〇七九

2. 5241 8093
   _____

3. 2545 0087
   _____

4. 9134 2865
   _____

5. 4708 2191
   _____

6. 9836 2401
   _____

7 Cuenta los trazos de cada carácter.

1. duō 多 _6_
2. tā 她 ___
3. jiā 家 ___
4. de 的 ___

5. diàn 电 ___
6. huà 话 ___
7. shǎo 少 ___
8. mǎ 码 ___

8 Escribe el significado de cada radical.

1. 讠: hablar
2. 宀: _____
3. 夕: _____

4. 口: _____
5. 石: _____
6. 人: _____

7. 心: _____
8. 白: _____
9. 月: _____

10. 女: _____
11. 日: _____
12. 亻: _____

9 Traduce del español al chino.

1. semana _____
2. número _____
3. este año _____
4. ayer _____
5. qué edad _____
6. nombre _____
7. teléfono _____
8. cumpleaños _____
9. hoy _____

10 Contesta las preguntas.

1. 你叫什么名字？
   nǐ jiào shén me míng zi

2. 今天几月几号？
   jīn tiān jǐ yuè jǐ hào

3. 昨天星期几？
   zuó tiān xīng qī jǐ

4. 明天几月几号？
   míng tiān jǐ yuè jǐ hào

5. 你的生日是几月几号？
   nǐ de shēng rì shì jǐ yuè jǐ hào

6. 你多大了？
   nǐ duō dà le

7. 你家的电话号码是多少？
   nǐ jiā de diàn huà hào mǎ shì duō shao

11 Copia el vocabulario del Texto 2.

丿 亻 亻 亻 仁 住 住						
zhù / vivir	住	住	住	住		
丨 冂 口 叮 吖 叶 呵 哪 哪						
nǎ / cuál	哪	哪	哪	哪		
丿 儿						
ér / sufijo	儿	儿	儿	儿		
丨 ⺈ ナ 北 北 丶 亠 六 亣 宁 京 京						
běijīng / Beijing	北 京	北 京				

12 Escribe los meses que faltan.

一月	二月		十月		
	六月				

13 Cuenta los trazos de cada carácter.

1. shǎo 少 4
2. huà 话 ___
3. nǎ 哪 ___
4. zhù 住 ___
5. zài 在 ___
6. wén 文 ___
7. ér 儿 ___
8. wáng 王 ___

14 Escribe los radicales.

1. jiā 家: 宀
2. mǎ 码: ___
3. duō 多: ___
4. de 的: ___
5. nǎ 哪: ___
6. huà 话: ___
7. jīn 今: ___
8. qī 期: ___
9. zhù 住: ___
10. tā 她: ___
11. míng 明: ___
12. nín 您: ___

15 Haz un dibujo para cada carácter.

rì 日	tiān 天
❶	❷
❸	❹
yuè 月	wáng 王

16 Escribe el pinyin y el significado de cada palabra.

1.
2.
3.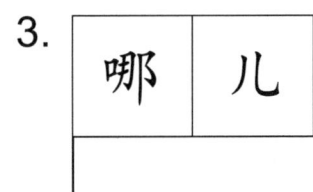
4.
5.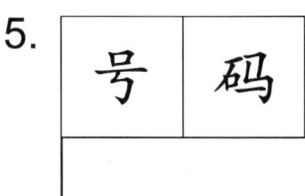
6.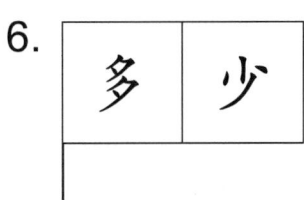

17 Ordena las palabras para formar una oración.

1. 叫 / 名字 / 你 / 什么 / ?
   → _____

2. 哪儿 / 住 / 你 / 在 / ?
   → _____

3. 了 / 多大 / 你 / ?
   → _____

4. 生日 / 是 / 的 / 今天 / 我 / 。
   → _____

5. 出生 / 在 / 你 / 哪儿 / ?
   → _____

18 Dibuja la estructura de cada carácter.

1. běi 北 →
2. nǎ 哪 →
3. nín 您 →
4. zhù 住 →
5. mǎ 码 →
6. duō 多 →
7. jiā 家 →
8. míng 明 →
9. xīng 星 →

19 Escribe los números que faltan.

一	三			九
	三十五			
		三十一		
四十一				十七
		二十五		

20 Escribe los caracteres.

1. shì 是 ser
2. zhù ☐ vivir
3. diàn ☐ electricidad
4. hào ☐ número
5. chū ☐ ir; salir
6. huà ☐ palabra; hablar
7. mǎ ☐ número
8. tā ☐ ella
9. tiān ☐ cielo; día

21 Completa los diálogos.

1. A: _____
   B: 我叫王文。 (wǒ jiào wáng wén)

2. A: _____
   B: 我今年十二岁。 (wǒ jīn nián shí èr suì)

3. A: _____
   B: 我今年五岁。 (wǒ jīn nián wǔ suì)

4. A: _____
   B: 今天十月八号。 (jīn tiān shí yuè bā hào)

5. A: _____
   B: 今天星期三。 (jīn tiān xīng qī sān)

6. A: _____
   B: 我家住在北京。 (wǒ jiā zhù zài běi jīng)

7. A: _____
   B: 二〇〇七 三八九六。 (èr líng líng qī sān bā jiǔ liù)

Unidad 2 Revisión

1 Fechas.

1. yī yuè 一月　èr yuè 二月　sān yuè 三月　sì yuè 四月　wǔ yuè 五月　liù yuè 六月

   qī yuè 七月　bā yuè 八月　jiǔ yuè 九月　shí yuè 十月　shí yī yuè 十一月　shí èr yuè 十二月

2. xīng qī yī 星期一　xīng qī èr 星期二　xīng qī sān 星期三　xīng qī sì 星期四　xīng qī wǔ 星期五

   xīng qī liù 星期六　xīng qī rì 星期日/tiān天

3. jīn tiān shì èr líng yī sì nián liù yuè shí bā rì xīng qī sān
   今天是二〇一四年六月十八日星期三。

4. zuó tiān 昨天　míng tiān 明天

2 Información personal.

1. wǒ jiào xiǎo tiān 我叫小天。

2. wǒ zài yī jiǔ jiǔ jiǔ nián chū shēng 我(在)一九九九年出生。

3. wǒ de shēng rì shì wǔ yuè bā hào 我的生日是五月八号。

4. wǒ shí wǔ suì le 我十五岁了。

5. wǒ zhù zài běi jīng 我住在北京。

6. wǒ jiā de diàn huà hào mǎ 我家的电话号码shì是2870 3962。

3 Radicales.

1. 亻　女　口　夕　宀　心

2. 人　亠　日　月　山　王

3. 辶　石　⺌(小)　白　阝　纟

4 Palabras interrogativas.

jǐ　　duō dà　　jǐ suì　　duō shao　　nǎr
几　　多大　　几岁　　多少　　哪儿

5 Preguntas y respuestas.

1. A: jīn tiān jǐ yuè jǐ hào
   今天几月几号？
   B: sì yuè shí bā hào
   四月十八号。

2. A: jīn tiān xīng qī jǐ
   今天星期几？
   B: xīng qī èr
   星期二。

3. A: nǐ duō dà le
   你多大了？
   B: shí wǔ suì
   十五岁。

4. A: tā jǐ suì le
   她几岁了？
   B: sì suì
   四岁。

5. A: nǐ jiā de diàn huà hào mǎ shì duō shao
   你家的电话号码是多少？
   B: 2663 7580。

6. A: nǐ zhù zài nǎr
   你住在哪儿？
   B: wǒ zhù zài běi jīng
   我住在北京。

Unidad 2   Prueba

1 Cuenta los trazos de cada carácter.

1. 星 ____   2. 期 ____   3. 昨 ____

4. 家 ____   5. 码 ____   6. 哪 ____

2 Corrige el pinyin incorrecto.

1. zhài 在   2. chī 期   3. zúo 昨

4. qū 出   5. sùi 岁   6. dàn 电

3 Busca en el recuadro el carácter que falta para formar una palabra.

1. 星 ____   2. ____ 年   3. 今 ____

4. 出 ____   5. ____ 话   6. 多 ____

7. ____ 码   8. ____ 天   9. 名 ____

天	期	电
今	生	少
字	号	明

4 Escribe el significado de cada radical.

1. 王: ____   2. 月: ____   3. 宀: ____   4. 石: ____

5. 讠: ____   6. 灬: ____   7. 纟: ____   8. 夕: ____

5. Busca el radical y escribe su significado.

1. 岁 ☐   2. 明 ☐   3. 今 ☐

4. 您 ☐   5. 家 ☐   6. 名 ☐

7. 码 ☐   8. 的 ☐   9. 哪 ☐

6. Escribe lo siguiente en chino.

❶ lunes 24 de abril de 2014 — 今天是 _____

❷ 19 de marzo de 2014 — _____

7. Contesta las preguntas en chino.

2014						abril
一	二	三	四	五	六	日
14	15	16	17 今天	18	19	20

1. A: 昨天星期几？
   B: _____

2. A: 今天几月几号？
   B: _____

3. A: 明天几号？
   B: _____

8 Dibuja la estructura de cada carácter.

1. 星 → ☐   2. 叫 → ☐   3. 岁 → ☐

4. 哪 → ☐   5. 您 → ☐   6. 家 → ☐

9 Ordena las palabras para formar una oración.

1. 二〇一四年 / 是 / 今年 / 。 → _____

2. 叫 / 他 / 小明 / 。 → _____

3. 一九九七年 / 他 / 出生 / 。 → _____

4. 生日 / 我的 / 八月十日 / 是 / 。 → _____

5. 住 / 他 / 北京 / 在 / 。 → _____

6. 五月 / 今天 / 十五日 / 。 → _____

10 Pon los tonos en las posiciones correctas.

1. jian — 4º tono
2. qiong — 2º tono
3. xue — 4º tono
4. zhui — 1º tono
5. chou — 3º tono
6. shuo — 1º tono
7. ruan — 3º tono
8. sui — 2º tono

11 Une las preguntas con las respuestas.

1. 你叫什么名字？   a) 三月二十七号。
2. 你住在哪儿？   b) 我叫小文。
3. 他的生日是几月几号？   c) 六岁。
4. 今天星期几？   d) 北京。
5. 你多大了？   e) 十二岁。
6. 她几岁了？   f) 星期二。

12 Ejercicio de lectura.

她叫家家。她今年十四岁。她出生在二〇〇〇年。她的生日是五月三十日。她住在上海。她家的电话号码是 2856 7034。

Contesta las preguntas:

1. 她叫什么名字？ _____
2. 她多大了？ _____
3. 她的生日是几月几号？ _____
4. 她家住在哪儿？ _____
5. 她家的电话号码是多少？
   _____

13 Redacción.

Escribe sobre ti mismo. Tu redacción debería incluir:

a) tu nombre
b) el año en que naciste
c) tu cumpleaños
d) tu edad
e) dónde vives
f) el número de teléfono de tu casa

Unidad 3

Lección 7   Miembros de la familia 家庭成员

1 Copia los radicales.

丿 二 千 禾 禾							
planta de semillero	禾	禾	禾	禾			
丿 八 ⽗ 父							
padre	父	父	父	父			
丶 亠 辶							
movimiento	辶	辶	辶	辶			
丶 冫 氵							
agua	氵	氵	氵	氵			
丶 丷 䒑 兰 羊							
(⺷) oveja	羊	羊	羊	羊			
丨 冂 口							
recinto	口	口	口	口			

2 Copia el vocabulario del Texto 1.

一 ナ 丆 冇 有 有						
yǒu tener; haber	有	有	有	有			

丨 冂 口						
kǒu boca; clasificador	口	口	口	口			

丿 人						
rén persona	人	人	人	人			

丿 八 父 父 爷 爷 爸 爸						
bà papá	爸	爸	爸	爸			

ㄑ 乂 女 奵 妈 妈						
mā mamá	妈	妈	妈	妈			

一 厂 币 币 可 可 핡 哥 哥 哥						
gē hermano mayor	哥	哥	哥	哥			

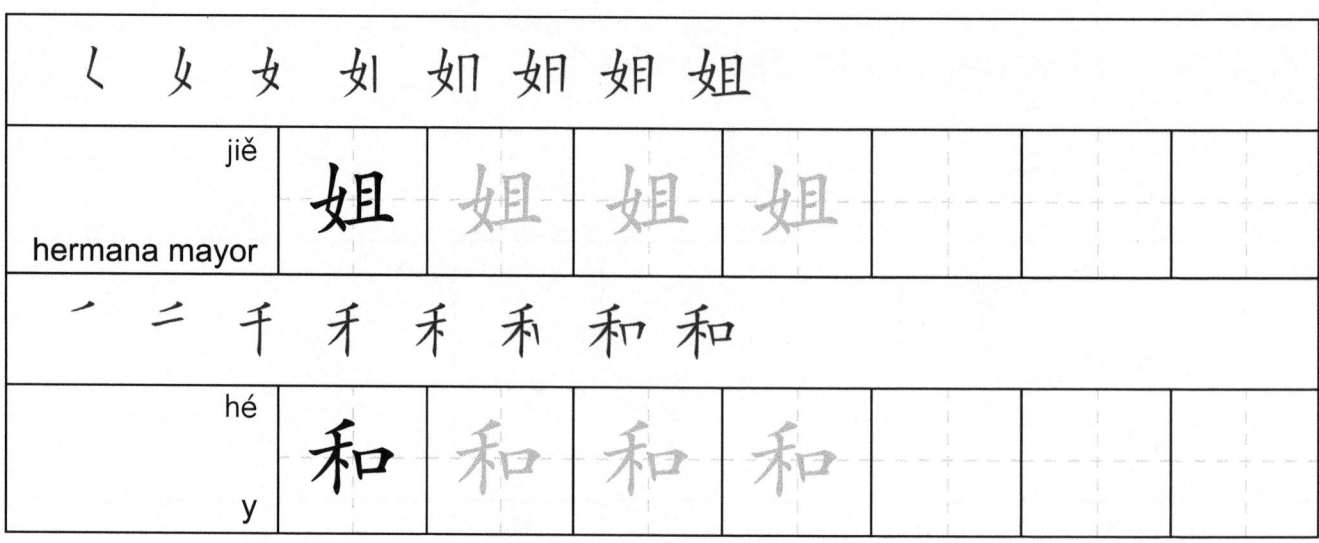

3 Cuenta los trazos de cada carácter.

1. nǐ 你
2. jiā 家
3. bà 爸
4. mā 妈
5. gē 哥
6. jiě 姐
7. hé 和
8. yǒu 有

4 Dibuja la estructura de cada carácter.

1. nín 您 →
2. nǎ 哪 →
3. zhù 住 →
4. bà 爸 →
5. mā 妈 →
6. hé 和 →
7. huà 话 →
8. duō 多 →
9. jiā 家 →

5 Escribe los caracteres.

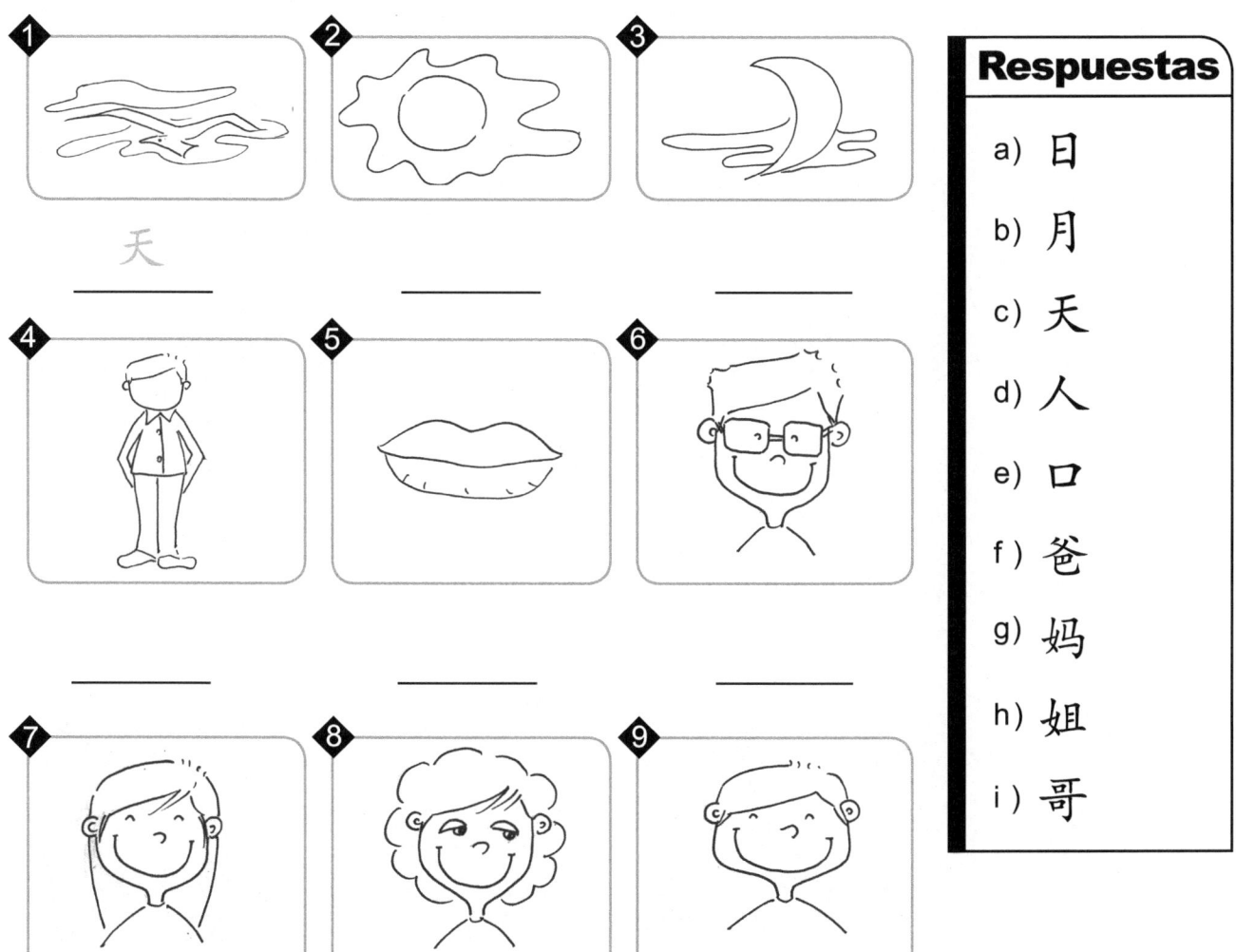

Respuestas

a) 日
b) 月
c) 天
d) 人
e) 口
f) 爸
g) 妈
h) 姐
i) 哥

6 Redacción.

Presenta a tu amigo. Tu redacción debería incluir:

a) su nombre, edad, cumpleaños
b) los miembros de su familia
c) la ciudad/el país donde vive
d) el número de teléfono de su casa

7 Escribe una frase para cada imagen.

1

我家有三口人：

爸爸、妈妈和我。

2

3

4

8 Escribe el significado de cada radical.

1. 禾：_____   2. 父：_____   3. 辶：_____   4. 氵：_____

5. 士：_____   6. 口：_____   7. 纟：_____   8. 石：_____

9 Copia el vocabulario del Texto 2.

	丶	讠	计	计	计	许	许	谁	谁
shuí quién	谁	谁	谁	谁					

	丶	丷	丷	쓰	쓰	弟	弟		
dì hermano menor	弟	弟	弟	弟					

	乚	乂	女	女	女	奸	妹	妹	
mèi hermana menor	妹	妹	妹	妹					

	丶	二	丆	文	文	这	这		
zhè esto; este/a	这	这	这	这					

	丿	人	个						
gè clasificador	个	个	个	个					

	丁	刁	弓	丮	那	那			
nà eso; ese/a	那	那	那	那					

10 Cuenta los trazos de cada carácter.

1. jiě 姐 ___
2. gē 哥 ___
3. shuí 谁 ___
4. gè 个 ___
5. nà 那 ___
6. zhè 这 ___
7. mèi 妹 ___
8. dì 弟 ___

11 Une el dibujo con la respuesta.

哥哥

Respuestas
a) 爸爸
b) 妈妈
c) 哥哥
d) 姐姐
e) 弟弟
f) 妹妹

12 Rodea los caracteres de cuatro trazos.

tiān	shēng	rì	jīn	chū	diàn	wáng	shǎo	kǒu
(天)	生	日	今	出	电	王	少	口

13 Escribe los radicales.

1. 和 ___
2. 这 ___
3. 没 ___
4. 差 ___
5. 国 ___
6. 爸 ___

14 Combina dos elementos de ambas cajas para formar caracteres.

Radicales
亻 丶 女 口 宀
阝 日 月 石 父

Otras partes
子 隹 十 乍 巴
马 其 未 刂 月

谁									

15 Traduce del chino al español.

zhè ge rén shì shuí
1. 这个人是谁？ _____

nà ge rén shì wǒ gē ge
2. 那个人是我哥哥。_____

tā jiā yǒu wǔ kǒu rén
3. 他家有五口人。_____

wǒ jiā yǒu sān kǒu rén
4. 我家有三口人。_____

16 Completa los diálogos.

1. A : _____ ?
   　　B : 我叫王京。
   　　　　wǒ jiào wáng jīng

2. A : _____ ?
   　　B : 我今年十二岁。
   　　　　wǒ jīn nián shí èr suì

3. A : _____ ?
   　　B : 我家有四口人。
   　　　　wǒ jiā yǒu sì kǒu rén

4. A : _____ ?
   　　B : 我家有爸爸、妈妈和我。
   　　　　wǒ jiā yǒu bà ba mā ma hé wǒ

5. A : _____ ?
   　　B : 我的生日是一月二号。
   　　　　wǒ de shēng rì shì yī yuè èr hào

6. A : _____ ?
   　　B : 二〇七八 九三五九。
   　　　　èr líng qī bā jiǔ sān wǔ jiǔ

17 Ejercicio de lectura.

你好！我叫王大年，今年十二岁。我的生日是五月十八日。我家有四口人：爸爸、妈妈、一个哥哥和我。我们一家人住在北京。

Contesta las preguntas:

1. 王大年多大了？
_____

2. 他的生日是几月几号？
_____

3. 他家有谁？
_____

4. 他家住在哪儿？
_____

18 Escribe frases para cada imagen.

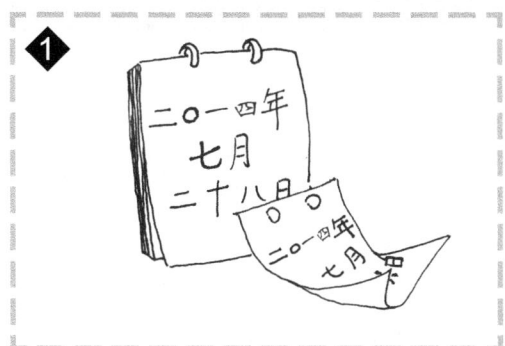

今年是二〇一四年。
今天七月二十八日。

_____

_____

_____

_____

_____

_____

Unidad 3

Lección 8   Presentación personal 自我介绍

1 Copia los radicales.

	ノ 亻 亻						
dos personas	亻	亻	亻	亻			
	丨 冂 巾						
toalla	巾	巾	巾	巾			
	ノ 犭 犭						
animal	犭	犭	犭	犭			
	一 厂 戶 币 雨 雨 雨						
lluvia	雨	雨	雨	雨			
	丶 丷 灬 灬						
calor	灬	灬	灬	灬			
	丨 刂						
cuchillo largo	刂	刂	刂	刂			

2 Copia el vocabulario del Texto 1.

	丶 丶 氵 氵 沪 沒 没					
méi no	没	没	没	没		
	丶 口 口 尸 兄					
xiōng hermano mayor	兄	兄	兄	兄		
	丶 口 口 中					
zhōng medio	中	中	中	中		
	丶 丶 ´´ ´´ 兴 学 学					
xué estudiar	学	学	学	学		
	丨 卜 上					
shàng arriba; ir; subir	上	上	上	上		
	ㄥ 纟 纟 纟 级 级					
jí grado	级	级	级	级		

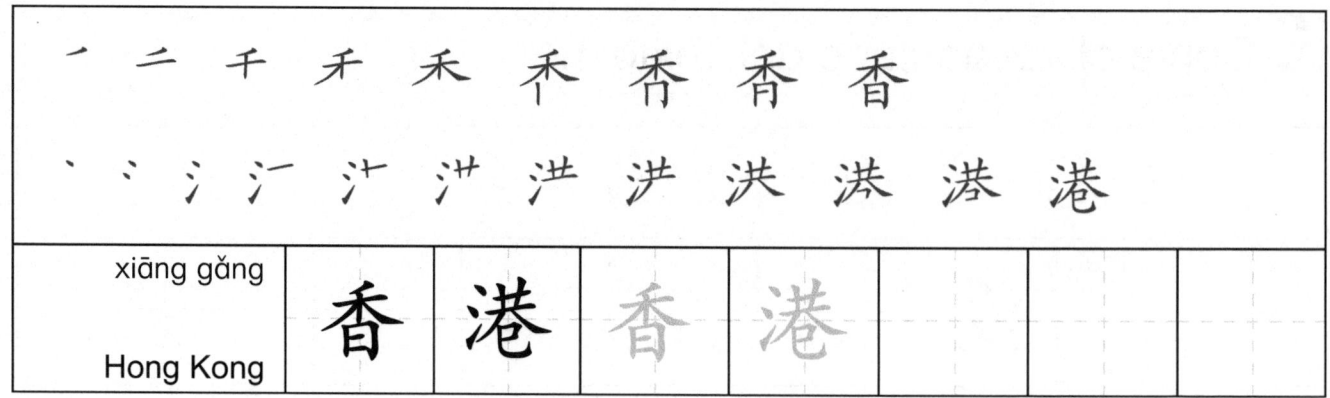

3 Cuenta los trazos de cada carácter.

1. nà 那 ___ 2. shuí 谁 ___ 3. shàng 上 ___ 4. xiōng 兄 ___

5. méi 没 ___ 6. zhōng 中 ___ 7. xué 学 ___ 8. jí 级 ___

4 Resalta las frases.

你	家	有	几	口	人？
他	住	在	北	京。	电
叫	名	在	谁	星	话
王	字	是	哪	期	号
星。	他	九	岁。	儿？	码

5 Escribe los caracteres y el significado de cada palabra o expresión.

1. nà ge rén

esa persona

2. zhōng xué shēng
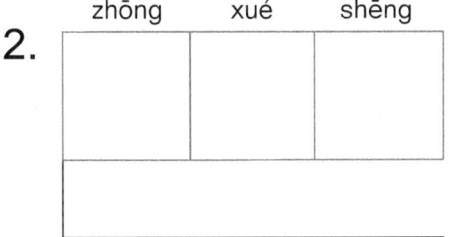

3. zhè ge rén

4. xiōng dì jiě mèi

5. méi yǒu

6. nián jí
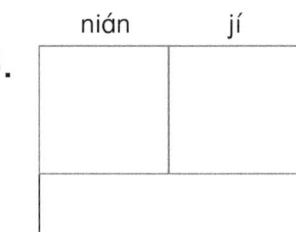

7. nǎr
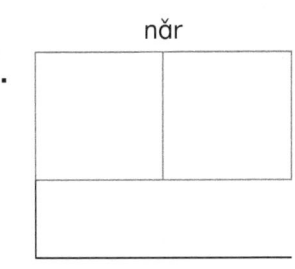

6 Ordena las palabras/expresiones para formar una oración.

1. chū shēng / tā / yī jiǔ jiǔ qī nián
   出生 / 他 / 一九九七年 / 。
   → _____

2. xiōng dì / jiě mèi / méi yǒu / tā
   兄弟 / 姐妹 / 没有 / 她 / 。
   → _____

3. xiǎo xué shēng / shì / tā / dì di
   小学生 / 是 / 他 / 弟弟 / 。
   → _____

4. shàng / qī nián jí / jīn nián / wǒ
   上 / 七年级 / 今年 / 我 / 。
   → _____

7 Describe cada figura en chino.

1 _____

2 _____

3 _____

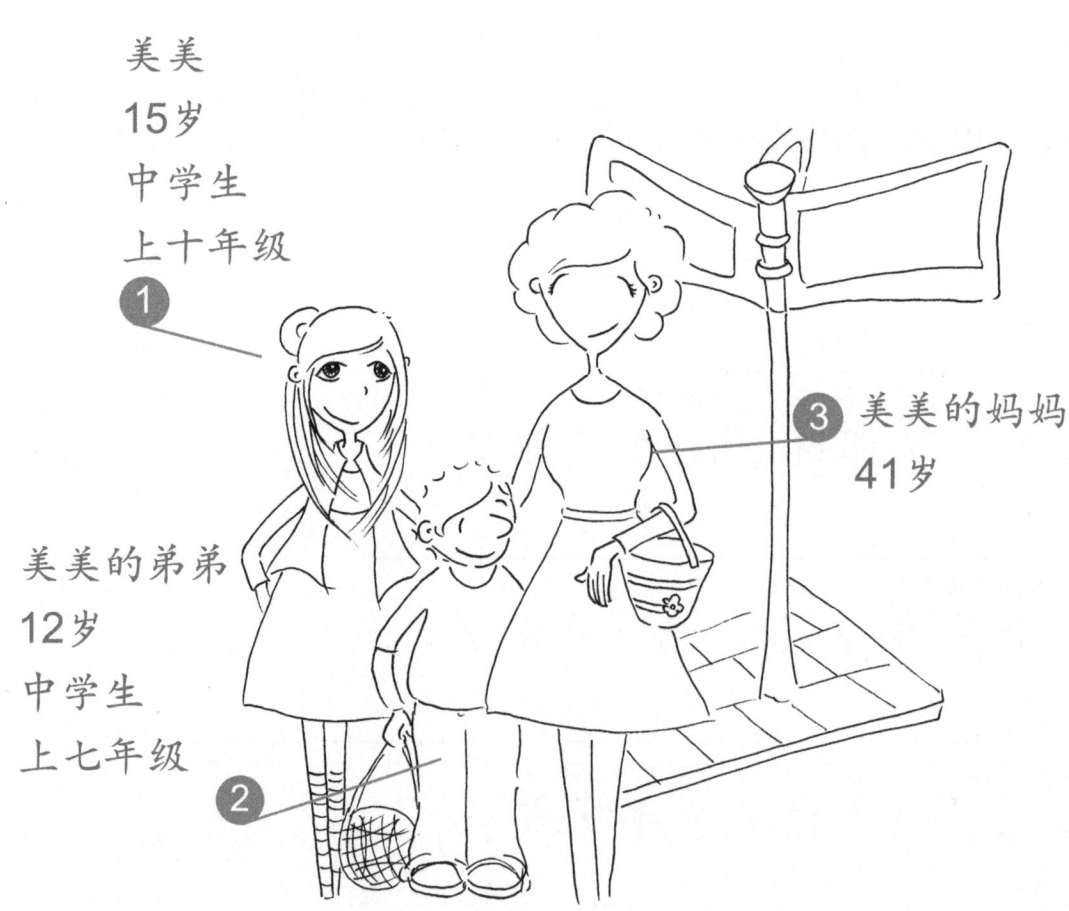

8 Contesta las preguntas.

nǐ jiào shén me míng zi
1. 你叫什么名字?
_____

nǐ jiā yǒu jǐ kǒu rén
2. 你家有几口人?
_____

nǐ yǒu xiōng dì jiě mèi ma
3. 你有兄弟姐妹吗?
_____

nǐ de shēng rì shì jǐ yuè jǐ hào
4. 你的生日是几月几号?
_____

nǐ jīn nián duō dà le
5. 你今年多大了?
_____

nǐ jiā zhù zài nǎr
6. 你家住在哪儿?
_____

9 Busca el pinyin y el significado de cada carácter en el diccionario.

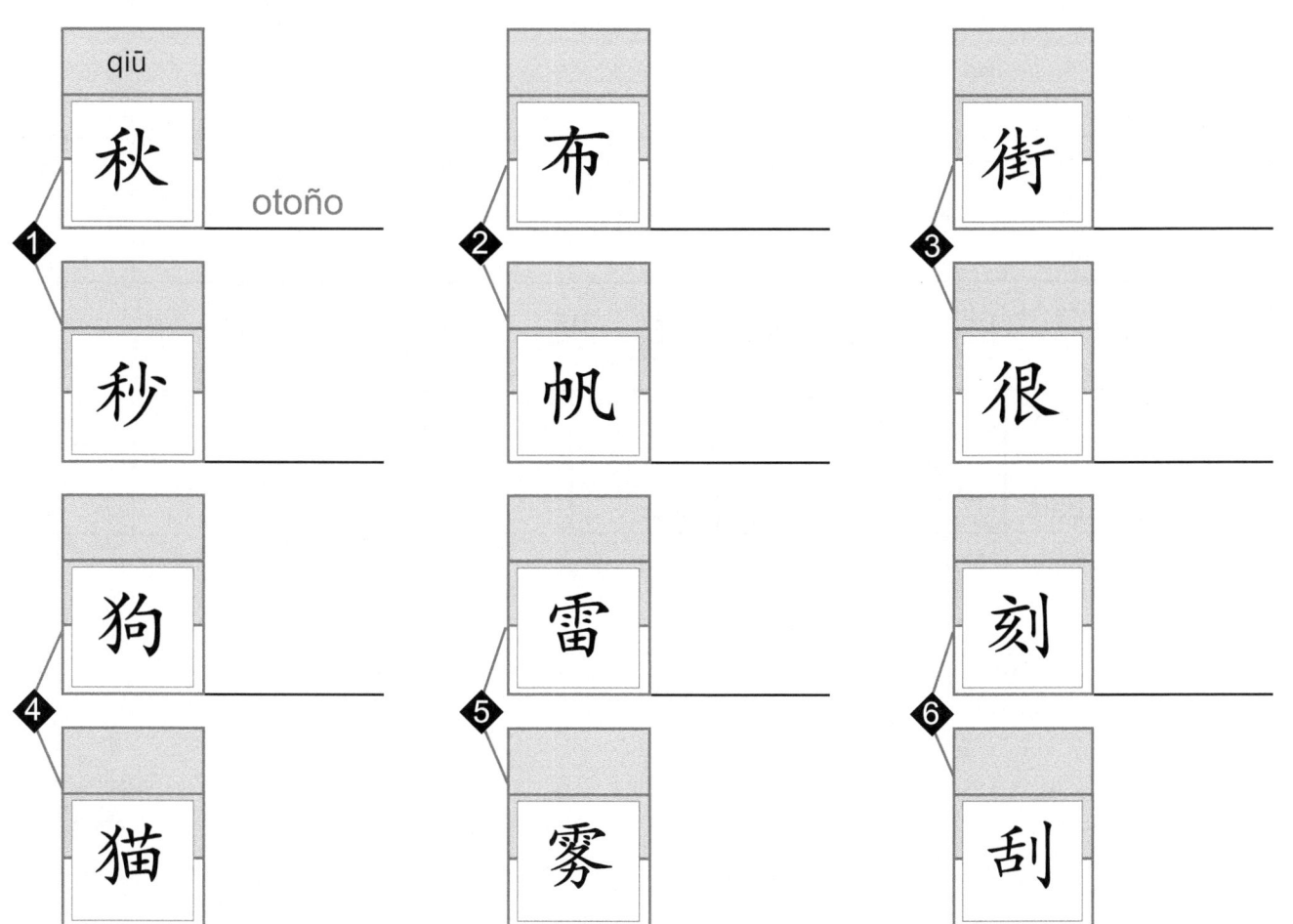

10 Copia el vocabulario del Texto 2.

丨 冂 冂 吅 吗 吗						
ma partícula interrogativa	吗	吗	吗	吗		
一 ア 不 不						
bù no	不	不	不	不		
丨 冂 冂 吅 吅 呎 呎 呢						
ne partícula interrogativa	呢	呢	呢	呢		
丶 丷 丷 丷 半						
bàn mitad	半	半	半	半		
丨 冂 冂 月 用 国 国 国						
guó país	国	国	国	国		

78

11 Escribe el significado de cada radical.

1. 彳: _____   2. 巾: _____   3. 犭: _____

4. 灬: _____   5. 讠: _____   6. 白: _____

12 Completa los diálogos.

1. A: 今天是五月一日吗？   B: _____

2. A: 今天是你的生日吗？   B: _____

3. A: 你有姐姐吗？   B: _____

4. A: 你家住在北京吗？   B: _____

13 Completa los espacios con las palabras del recuadro.

1. 你家住在_____？

2. 你家有_____？

3. 他爸爸是_____国人？

4. 他上_____年级？

5. 她家有_____口人？

6. 你家的电话号码是_____？

jǐ
几
duō shao
多少
shuí
谁
nǎr
哪儿
nǎ
哪

14 Escribe el significado de cada palabra o expresión.

1 shēng 生
- chū shēng 出生 _____
- xué sheng 学生 _____
- shēng rì 生日 _____

2 xué 学
- dà xué shēng 大学生 _____
- zhōng xué shēng 中学生 _____
- xiǎo xué shēng 小学生 _____

3 rén 人
- rén kǒu 人口 _____
- dà rén 大人 _____
- hǎo rén 好人 _____

4 tiān 天
- jīn tiān 今天 _____
- zuó tiān 昨天 _____
- míng tiān 明天 _____

5 ér 儿
- zhèr 这儿 _____
- nàr 那儿 _____
- nǎr 哪儿 _____

6 jiā 家
- jiā rén 家人 _____
- yì jiā rén 一家人 _____
- dà jiā 大家 _____

15 Escribe los radicales.

1 和 _____　　**2** 差 _____　　**3** 国 _____

4 师 _____　　**5** 刻 _____　　**6** 独 _____

16 Redacción. Escribe sobre ti mismo.

Preguntas guía:

1. nǐ jiào shén me míng zi
   你叫什么名字？

2. nǐ shàng jǐ nián jí
   你上几年级？

3. nǐ jiā yǒu jǐ kǒu rén   yǒu shuí
   你家有几口人？有谁？

4. nǐ jiā zhù zài nǎr
   你家住在哪儿？

5. nǐ jīn nián duō dà le
   你今年多大了？

6. nǐ de shēng rì shì jǐ yuè jǐ hào
   你的生日是几月几号？

7. nǐ shì nǎ guó rén
   你是哪国人？

8. nǐ jiā de diàn huà hào mǎ shì duō shao
   你家的电话号码是多少？

_____

_____

_____

_____

_____

17 Rodea los elementos que no correspondan.

1. jīn nián   zuó tiān   (nǐ hǎo)
   今年   昨天   你好

2. diàn huà   zhōng xué   xué sheng
   电话   中学   学生

3. shén me   míng zi   duō shao
   什么   名字   多少

4. hé   yǒu   zhù
   和   有   住

5. ne   ma   jiào
   呢   吗   叫

6. kǒu   shì   gè
   口   是   个

Unidad 3

Lección 9   Profesiones 职业

1 Copia los radicales.

	、 亠 广						
refugio	广	广	广	广			
	ノ 𠆢 饣						
comida	饣	饣	饣	饣			
	、 一 亍 方						
cuadrado	方	方	方	方			
	丨 冂 冃 冃 目						
ojo	目	目	目	目			
	一 十 才 木						
madera	木	木	木	木			
	丶 口 口 口 卩 趸 足						
pie	足	足	足	足			

2 Copia el vocabulario del Texto 1.

一 丁 工						
gōng trabajo	工	工	工	工		
ノ 亻 亻 𠂇 竹 作 作						
zuò ejercer	作	作	作	作		
ㄱ 力 也						
yě también	也	也	也	也		
ノ 夕 彳 彳 彳 伊 伊 律 律						
lǜ ley	律	律	律	律		
㇇ 丿 刂 斤 斤 师						
shī profesor/a; maestro/a	师	师	师	师		
一 十 土 耂 耂 老						
lǎo viejo; con experiencia	老	老	老	老		

83

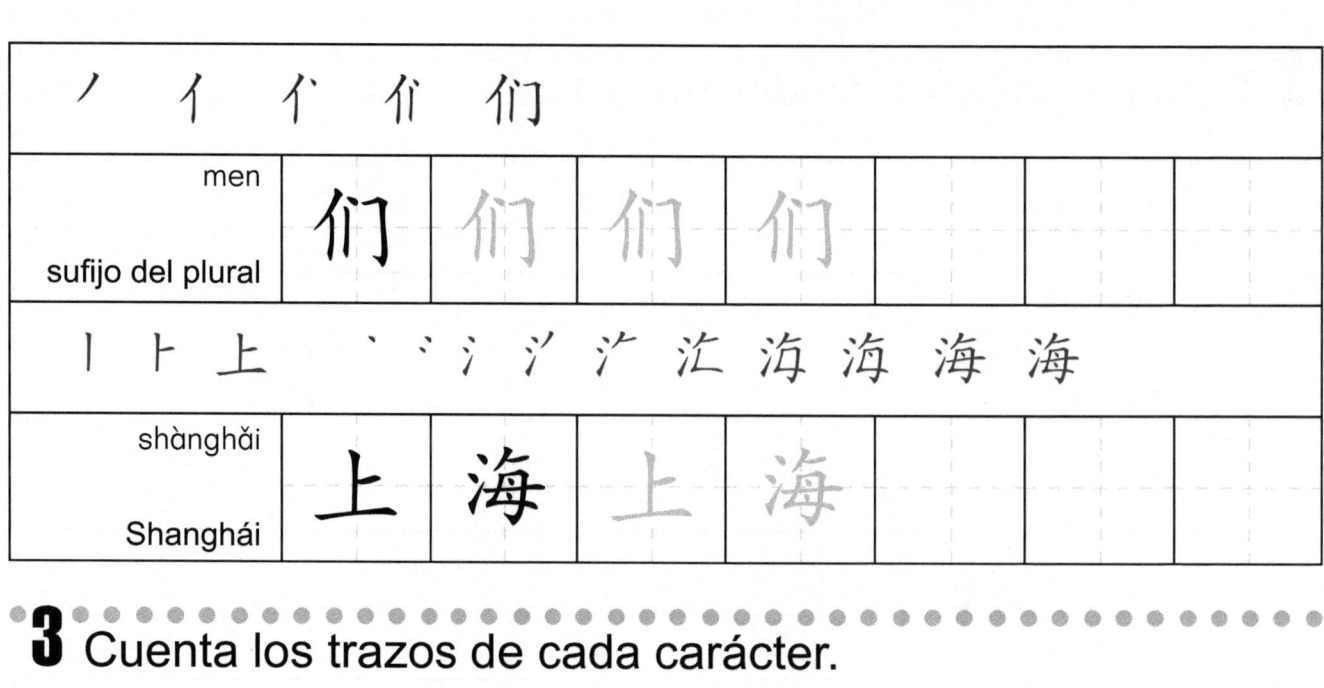

3 Cuenta los trazos de cada carácter.

1. bàn 半 ___
2. guó 国 ___
3. yě 也 ___
4. gōng 工 ___
5. zuò 作 ___
6. lǎo 老 ___
7. lǜ 律 ___
8. shī 师 ___

4 Escribe los caracteres.

1. yí bàn — 一 半
2. zhōng guó
3. nián jí
4. bú shì
5. méi yǒu
6. zhè ge

5 Escribe el significado de cada palabra.

1. jiě mèi 姐妹 _____
2. lǜ shī 律师 _____
3. gōng zuò 工作 _____
4. lǎo shī 老师 _____

6 Escribe los radicales.

1. 路 ___
2. 床 ___
3. 放 ___
4. 棕 ___
5. 饭 ___
6. 睡 ___

7 Une las dos partes para formar una oración.

1. tā bà ba shì xī bān yá rén
   他爸爸是西班牙人，

2. tā gē ge shì dà xué shēng
   她哥哥是大学生，

3. tā shí èr suì
   他十二岁，

4. tā mā ma bù gōng zuò
   他妈妈不工作，

5. tā yǒu yí ge mèi mei
   他有一个妹妹，

6. tā jiě jie shì lǎo shī
   他姐姐是老师，

a) wǒ gē ge yě shì dà xué shēng
   我哥哥也是大学生。

b) wǒ bà ba yě shì xī bān yá rén
   我爸爸也是西班牙人。

c) wǒ mā ma yě bù gōng zuò
   我妈妈也不工作。

d) wǒ jiě jie yě shì lǎo shī
   我姐姐也是老师。

e) wǒ yě shí èr suì
   我也十二岁。

f) wǒ yě yǒu yí ge mèi mei
   我也有一个妹妹。

8 Contesta las preguntas.

1. nǐ yǒu xiōng dì ma
   你有兄弟吗？ ___

2. nǐ mā ma gōng zuò ma
   你妈妈工作吗？ ___

3. nǐ bà ba shì lǜ shī ma
   你爸爸是律师吗？ ___

9 Escribe el significado de cada radical.

1. 广: _____   2. 饣: _____   3. 方: _____   4. 目: _____

5. 木: _____   6. 足: _____   7. 犭: _____   8. 刂: _____

10 Escribe frases para cada imagen.

1 西班牙人 30岁

2 老师 28岁

3 律师 35岁

她是西班牙人。

她今年三十岁。

4 大学生 21岁

5 中学生 15岁

6 小学生 9岁

11 Ordena las palabras/expresiones para formar una oración.

1. 不是 / 他爸爸 / 老师 / 。 → _____
2. 在 / 上海 / 她哥哥 / 工作 / 。 → _____
3. 住 / 他们 / 在 / 上海 / 。 → _____
4. 他弟弟 / 上 / 七年级 / 。 → _____
5. 五口人 / 她家 / 有 / 。 → _____
6. 没有 / 他 / 兄弟 / 姐妹 / 。 → _____

12 Escribe el pinyin de cada palabra/expresión.

1. 哪儿 (nǎr)
2. 律师
3. 学生
4. 老师
5. 不是
6. 工作
7. 一家人
8. 谁

13 Traduce del español al chino.

Su (de él) padre trabaja.
Su madre no trabaja.
Toda su familia vive en Shanghái.

14 Copia el vocabulario del Texto 2.

丿 亻 犭 犭 狆 狆 独 独 独
dú / solo — 独 独 独 独

〈 女 女
nǚ / mujer; hija — 女 女 女 女

了 了 子
zǐ / hijo; niño — 子 子 子 子

丶 亠 亠 产 产 产 产 商 商 商
shāng / negocio — 商 商 商 商

丿 亻 亻 仁 什 什 估 估 估 做 做 做
zuò / hacer — 做 做 做 做

丿 二 千 千 禾 禾 禾 秒 秒 秘 秘
mì / secreto — 秘 秘 秘 秘

ㄱ ㅋ 书 书							
shū libro	书	书	书	书			

15 Escribe el significado de cada palabra o expresión.

dú shēng nǚ
1. 独生女 _____

dú shēng zǐ
5. 独生子 _____

shāng rén
2. 商人 _____

mì shū
6. 秘书 _____

gōng zuò
3. 工作 _____

zhōng xué shēng
7. 中学生 _____

lǜ shī
4. 律师 _____

lǎo shī
8. 老师 _____

16 Dibuja la estructura de cada carácter.

zuò
1. 做 →

dú
2. 独 →

mì
3. 秘 →

nín
4. 您 →

lǎo
5. 老 →

shī
6. 师 →

shuí
7. 谁 →

nǎ
8. 哪 →

bà
9. 爸 →

17 Busca cinco caracteres que contengan el radical "亻".

亻: 住 ___ ___ ___ ___

18 Escribe una palabra para cada imagen.

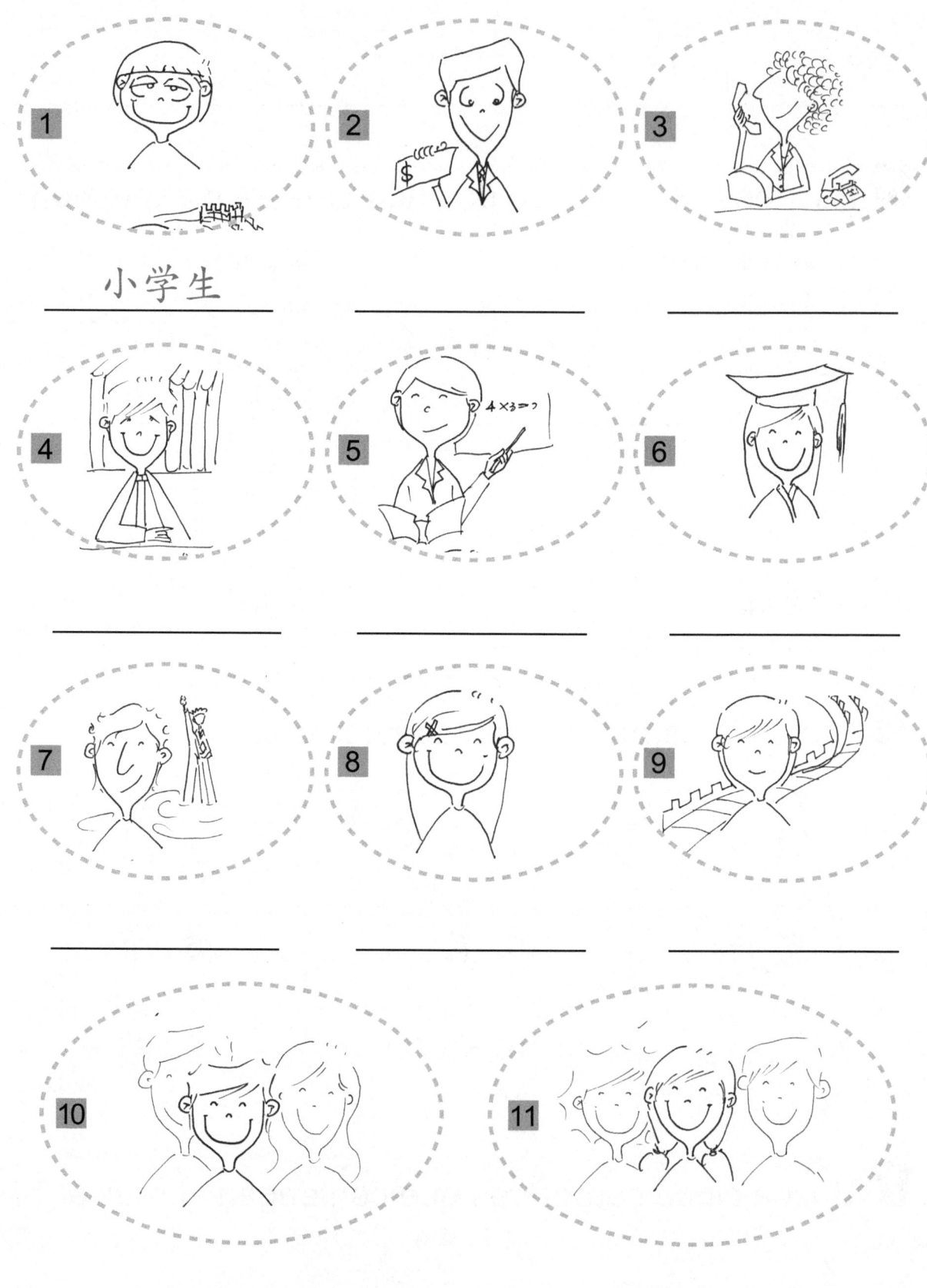

小学生

19 Completa los espacios con los caracteres que faltan para formar palabras.

1. 独^{dú}□^{nǚ}女　2. 秘^{mì}□　3. □^{rén}人　4. □^{shī}师

5. 工^{gōng}□　6. 学^{xué}□　7. 年^{nián}□　8. 电^{diàn}□

9. □^{qī}期　10. □^{tiān}天　11. 号^{hào}□　12. 中^{zhōng}□

20 Ejercicio de lectura.

Contesta las preguntas:

1. 王和家住在哪儿？

_____

2. 他爸爸、妈妈做什么工作？

_____

3. 他哥哥在哪儿上大学？

_____

4. 王和今年上几年级？

_____

¡Ahora te toca a ti!

Escribe un texto similar acerca de tu familia.

你好！我叫王和。我今年十二岁。我是中国人。我们一家人住在上海。我家有五口人：爸爸、妈妈、哥哥、妹妹和我。我爸爸是中学老师，我妈妈是小学老师。我哥哥是大学生，在西班牙上大学。我妹妹是小学生，上五年级。我是中学生，上八年级。

Unidad 3 Revisión

1 Miembros de la familia.

爸爸 (bà ba) 妈妈 (mā ma) 哥哥 (gē ge) 姐姐 (jiě jie) 弟弟 (dì di) 妹妹 (mèi mei) 兄弟 (xiōng dì) 姐妹 (jiě mèi)

独生子 (dú shēng zǐ) 独生女 (dú shēng nǚ)

2 Clasificador.

口 (kǒu) 个 (gè)

3 Verbos.

(没)有 (méi yǒu) 上 (shàng) 住 (zhù) (不)是 (bú shì) 工作 (gōng zuò) 做 (zuò)

4 Palabras/partículas interrogativas.

谁 (shuí) 几口人 (jǐ kǒu rén) 几年级 (jǐ nián jí) 哪国人 (nǎ guó rén) 吗 (ma) 呢 (ne)

5 Profesiones.

律师 (lù shī) 老师 (lǎo shī) 商人 (shāng rén) 秘书 (mì shū)

6 Radicales.

1. 禾 父 辶 氵 羊(⺶) 口

2. 彳 巾 犭 雨 灬 刂

3. 广 饣 方 目 木 足

7 Preguntas y respuestas.

1. 你家有几口人?   我家有五口人。

2. 你家有谁?   爸爸、妈妈、哥哥、妹妹和我。

3. 你有兄弟姐妹吗?   有。我有一个弟弟。

4. 这个人是谁?   他是我哥哥。

5. 那个人是谁?   她是我妹妹。

6. 你是中学生吗?   是。

7. 你今年上几年级?   七年级。

8. 你爸爸工作吗?   工作。

9. 你爸爸做什么工作?   他是老师。

10. 我叫小月。你呢?   我叫小天。

11. 你是哪国人?   我一半是中国人,一半是西班牙人。

Unidad 3   Prueba

1 Dibuja la estructura de cada carácter.

1. 爸 → ☐   2. 妈 → ☐   3. 做 → ☐
4. 这 → ☐   5. 没 → ☐   6. 国 → ☐

2 Pon los tonos en las posiciones correctas.

1. yue — 4º tono
2. wen — 1º tono
3. mei — 3º tono
4. shui — 2º tono
5. lao — 3º tono
6. zou — 3º tono
7. jiu — 4º tono
8. cai — 2º tono

3 Busca en el recuadro el carácter que falta para formar una palabra o expresión.

1. 没 ___   2. 兄 ___   3. ___ 妹
4. ___ 级   5. 学 ___   6. ___ 作
7. 律 ___   8. 中 ___   9. 哪 ___

姐 弟 年
工 有 生
儿 师 国

4 Escribe el significado de cada radical.

1. 氵: ___   2. 亻: ___   3. 雨: ___   4. 羊: ___
5. 灬: ___   6. 刂: ___   7. 广: ___   8. 饣: ___
9. 方: ___   10. 目: ___   11. 木: ___   12. 足: ___

5 Busca el radical y escribe su significado.

1. 和 ☐   2. 爸 ☐   3. 这 ☐

4. 国 ☐   5. 师 ☐   6. 独 ☐

7. 谁 ☐   8. 那 ☐   9. 级 ☐

6 Contesta las preguntas en chino.

1. 你家有几口人? _____

2. 你有兄弟姐妹吗? _____

3. 你家有谁? _____

4. 你是中学生吗? _____

5. 你今年上几年级? _____

6. 你是哪国人? _____

7. 你爸爸工作吗? _____

8. 你爸爸做什么工作? _____

7 Une las preguntas con las respuestas.

____ 1 你今年上几年级？   a) 不是。

____ 2 你是中学生吗？   b) 不工作。

____ 3 你有兄弟姐妹吗？   c) 他是律师。

____ 4 你妈妈工作吗？   d) 九年级。

____ 5 你爸爸做什么工作？   e) 中国人。

____ 6 你是哪国人？   f) 没有，我是独生子。

8 Ordena las palabras/expresiones para formar una oración.

1. 有 / 五口人 / 我家 / 。→ _____

2. 中学生 / 是 / 不 / 他 / 。→ _____

3. 上 / 今年 / 我 / 十年级 / 。→ _____

4. 她 / 也 / 妈妈 / 工作 / 。→ _____

5. 是 / 我爸爸 / 商人 / 。→ _____

6. 有 / 妹妹 / 和 / 我 / 弟弟 / 。→ _____

9 Completa los espacios con los caracteres que faltan.

1. 她家有六□人。

2. 他有三□兄弟姐妹。

3. 我家□爸爸、妈妈、姐姐、弟弟□我。

4. 我爸爸工□，我妈妈□工作。

5. 姐姐今□上十三□级。

6. 我□一家人住□上海。

10 Redacción.

Escribe un párrafo sobre ti mismo. Tu redacción debería incluir:
   a) quiénes son en tu familia
   b) si eres hijo único
   c) en qué grado estás este año
   d) tu nacionalidad
   e) las profesiones de tus padres

Unidad 4

Lección 10　　La hora　时间

1 Copia los radicales.

一 十 土							
tierra	土	土	土	土			

𠃌 又							
otra vez	又	又	又	又			

丿 𠂊							
(刀) navaja	𠂊	𠂊	𠂊	𠂊			

丶 丷 䒑 丷 米 米							
arroz	米	米	米	米			

丿 彡 彡							
adorno	彡	彡	彡	彡			

丶 ㇇ 礻 衤 衤							
ropa	衤	衤	衤	衤			

2 Copia el vocabulario del Texto 1.

Trazos							
丶 卜 卜 占 占 点 点 点							
diǎn / hora	点	点	点	点			
一 厂 厂 币 币 雨 雨 雨 乑 乑 零 零							
líng / cero	零	零	零	零			
丿 八 分 分							
fēn / minuto	分	分	分	分			
丶 亠 亍 亥 亥 亥 刻 刻							
kè / cuarto (de hora)	刻	刻	刻	刻			
一 厂 厂 丙 丙 两 两							
liǎng / dos	两	两	两	两			

3 Rodea los caracteres de cuatro trazos.

shēng	yuè	nián	bàn	fēn	shǎo	jīn	wáng	nǚ
生	(月)	年	半	分	少	今	王	女

4 Pon las manecillas en los relojes.

liù diǎn　　　　qī diǎn líng wǔ fēn　　yī diǎn yí kè　　　jiǔ diǎn bàn
六点　　　　　七点零五分　　　一点一刻　　　九点半

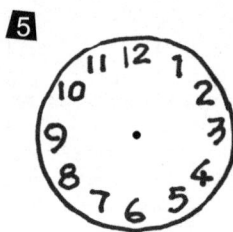  

shí yī diǎn sān kè　　liǎng diǎn èr shí fēn　　sì diǎn wǔ shí wǔ fēn
十一点三刻　　　　两点二十分　　　　四点五十五分

5 Une las preguntas con las respuestas.

1　nǐ jiào shén me míng zi
　你叫什么名字？

2　nǐ de shēng rì shì jǐ yuè jǐ hào
　你的生日是几月几号？

3　nǐ jīn nián duō dà le
　你今年多大了？

4　nǐ jiā yǒu jǐ kǒu rén
　你家有几口人？

5　nǐ shì nǎ guó rén
　你是哪国人？

6　nǐ mā ma gōng zuò ma
　你妈妈工作吗？

7　nǐ bà ba zuò shén me gōng zuò
　你爸爸做什么工作？

a) shí èr suì
　十二岁。

b) wǔ kǒu rén
　五口人。

c) wǒ jiào wáng tiān yī
　我叫王天一。

d) tā shì shāng rén
　他是商人。

e) tā bù gōng zuò
　她不工作。

f) sì yuè shí bā rì
　四月十八日。

g) wǒ shì zhōng guó rén
　我是中国人。

6 Rodea las palabras o expresiones y escríbelas.

年	级	商	工	爸	爸
秘	书	电	人	哪	儿
不	是	话	独	中	美
小	上	号	生	妈	国
姐	学	码	女	妈	家
姐	出	生	日	什	么

❶ _____ ❼ _____

❷ _____ ❽ _____

❸ _____ ❾ _____

❹ _____ ❿ _____

❺ _____ ⓫ _____

❻ _____ ⓬ _____

7 Escribe la hora en chino.

1

九点

2
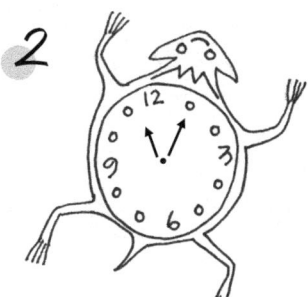
_____

3
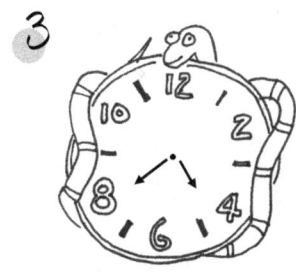
_____

4

_____

5
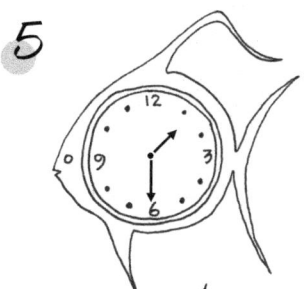
_____

6

_____

8 Busca uno o dos caracteres que contengan cada radical.

1. 亻: 你 ___   2. 宀: ___ ___   3. 口: ___ ___

4. 禾: ___ ___   5. 日: ___ ___   6. 女: ___ ___

7. 刂: ___   8. 雨: ___   9. 犭: ___   10. 彳: ___

9 Escribe el pinyin de cada palabra/expresión.

1. 工作   2. 商人   3. 独生女

4. 秘书   5. 律师   6. 电话号码

7. 两点   8. 星期   9. 兄弟姐妹

10 Haz una pregunta añadiendo algunas palabras.

1. nǐ jiā jǐ
   你家 几
   你家有几口人？

2. diàn huà duō shao
   电话 多少
   ___

3. zhù nǎr
   住 哪儿
   ___

4. tā jiā shuí
   他家 谁
   ___

5. tā mā ma ma
   她妈妈 吗
   ___

102

11 Copia el vocabulario del Texto 2.

	一	二	干	王	玗	玎	珼	现	
xiàn presente	现	现	现	现					
	一	二	丰	主	声	丰	表	表	
biǎo reloj	表	表	表	表					
	丶	丷	丷	兰	兰	羊	差	差	差
chà faltar	差	差	差	差					

12 Escribe la hora en chino.

_____ _____ _____

_____ _____ _____

13 Completa los diálogos.

1. A: _____
   B：我叫大明。

2. A: _____
   B：我家有四口人。

3. A: _____
   B：我今年上六年级。

4. A: _____
   B：我妈妈不工作。

5. A: _____
   B：我是西班牙人。

6. A: _____
   B：我爸爸是老师。

7. A: _____
   B：我是独生子。

8. A: _____
   B：差一刻六点。

14 Escribe los diálogos en los globos.

15 Escribe los radicales.

| ❶ 地 ___ | ❷ 粉 ___ | ❸ 爸 ___ |
| ❹ 影 ___ | ❺ 友 ___ | ❻ 衬 ___ |

16 Ejercicio de lectura.

wǒ jiào wáng shū wén　　wǒ jiā
我叫王书文。我家
yǒu sì kǒu rén　bà ba　mā
有四口人：爸爸、妈
ma　gē ge hé wǒ　wǒ bà ba
妈、哥哥和我。我爸爸
shì zhōng guó rén　wǒ mā ma
是中国人，我妈妈
shì xī bān yá rén　wǒ yí bàn
是西班牙人。我一半
shì zhōng guó rén　yí bàn shì
是中国人，一半是
xī bān yá rén　wǒ jīn nián shí èr
西班牙人。我今年十二
suì　shàng qī nián jí　wǒ gē ge
岁，上七年级。我哥哥
shí wǔ suì　shàng shí nián jí
十五岁，上十年级。

Contesta las preguntas:

wáng shū wén jiā yǒu jǐ kǒu rén
1. 王书文家有几口人？

___

tā bà ba shì nǎ guó rén
2. 她爸爸是哪国人？

___

tā mā ma shì zhōng guó rén ma
3. 她妈妈是中国人吗？

___

wáng shū wén jīn nián duō dà le　shàng jǐ
4. 王书文今年多大了？上几
nián jí
年级？

___

tā gē ge shì zhōng xué shēng ma
5. 她哥哥是中学生吗？

___

17 Traduce del español al chino.

1. estudiante de secundaria

2. noveno grado

3. hija única

4. las 10 y cuarto

5. las seis menos cinco

6. ahora

18 Completa los espacios con los caracteres que faltan para formar palabras o expresiones.

1. bù 不 ____   2. xué 学 ____   3. nǎ 哪 ____   4. zuó 昨 ____

5. nián 年 ____   6. ____ jiàn 见   7. ____ hǎo 好   8. méi 没 ____

9. ____ shī 师   10. ____ rén 人   11. gōng 工 ____   12. xiàn 现 ____

19 Escribe la hora en chino.

1. ¿A qué hora te levantas?

2. ¿A qué hora vas a la escuela?

3. ¿A qué hora sales de la escuela?

4. ¿A qué hora vas a la cama?

20 Traduce del español al chino.

1. ¿Qué hora tienes?

   _____

2. ¿Eres hija única?

   _____

3. ¿Tienes hermanos?

   _____

4. ¿Cuál es el número de teléfono de tu casa?

   _____

5. ¿Dónde vive tu familia?

   _____

6. ¿Cuándo es tu cumpleaños?

   _____

21 Completa los espacios con los caracteres que faltan.

1. tā bà ba □ shì lǜ shī
   他爸爸□是律师。

2. wǒ mā ma □ gōng zuò
   我妈妈□工作。

3. tā jīn nián □ bā nián jí
   她今年□八年级。

4. xiàn zài □ shí fēn qī diǎn
   现在□十分七点。

5. tā men yì jiā rén zhù □ shàng hǎi
   他们一家人住□上海。

6. tā □ shēng rì shì shí yuè bā rì
   他□生日是十月八日。

22 Escribe el significado de cada radical.

1. 土 : _____   2. 又 : _____   3. 夂 : _____   4. 米 : _____

5. 彡 : _____   6. 礻 : _____   7. 广 : _____   8. 方 : _____

Unidad 4

Lección 11　Rutina diaria　日常起居

1 Copia los radicales.

	丶 丶 宀 宀 穴						
cueva	穴	穴	穴	穴			
	丿 仁 一 乍 矢						
flecha	矢	矢	矢	矢			
	一 厂 厂 丆 页 页						
página	页	页	页	页			
	一 十 扌						
mano	扌	扌	扌	扌			
	一 十 艹						
hierba	艹	艹	艹	艹			
	一 十 土 圡 丰 丰 走						
caminar	走	走	走	走			

2 Copia el vocabulario del Texto 1.

	丿 丨 冂 日 旦 早						
zǎo temprano; mañana; pronto	早	早	早	早			
	丿 ⺅ 仁 午						
wǔ mediodía	午	午	午	午			
	一 丁 下						
xià abajo; bajar	下	下	下	下			
	丨 冂 刀 日 日' 旷 昒 昡 睌 晚						
wǎn tarde; noche	晚	晚	晚	晚			

3 Escribe la hora en chino

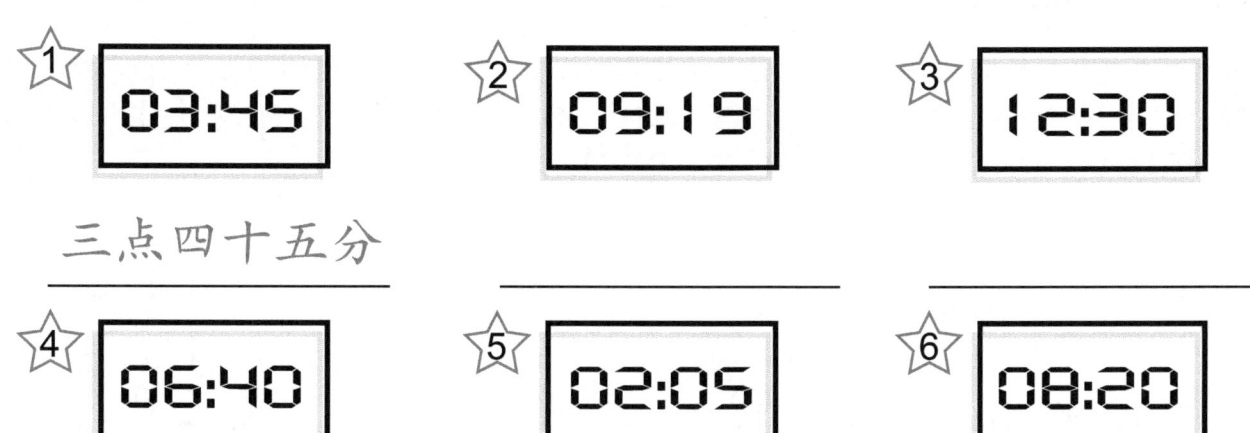

1. 03:45 — 三点四十五分
2. 09:19 —
3. 12:30 —
4. 06:40 —
5. 02:05 —
6. 08:20 —

4 Cuenta los trazos de cada carácter.

1. líng 零 ___
2. zài 在 ___
3. chà 差 ___
4. xiàn 现 ___
5. xià 下 ___
6. wǔ 午 ___
7. zǎo 早 ___
8. wǎn 晚 ___

5 Rodea las palabras o expresiones y escríbelas.

今	年	级	秘	律	老
天	早	下	中	书	师
电	晚	上	午	独	兄
一	话	学	生	生	弟
家	商	号	日	子	姐
人	现	在	码	女	妹

❶ _____   ❼ _____
❷ _____   ❽ _____
❸ _____   ❾ _____
❹ _____   ❿ _____
❺ _____   ⓫ _____
❻ _____   ⓬ _____

6 Completa los espacios con los caracteres que faltan para formar una pregunta completa.

1. nǐ de biǎo ... le
   你的表_____了？

2. nǐ shì ... ma
   你是_____吗？

3. nǐ mā ma ... ma
   你妈妈_____吗？

4. nǐ ... shàng jǐ nián jí
   你_____上几年级？

5. nǐ de ... shì jǐ yuè jǐ hào
   你的_____是几月几号？

6. nǐ jiā ... nǎr
   你家_____哪儿？

7 Escribe la hora en chino.

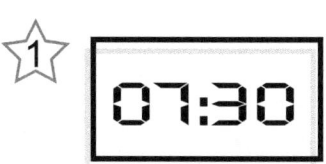

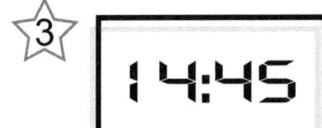

早上七点半

8 Escribe los radicales.

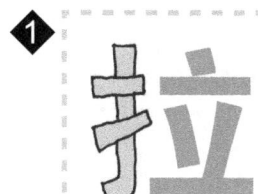

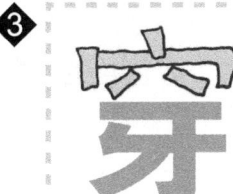

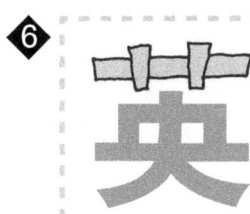

9 Rodea los elementos que no correspondan.

diǎn	fēn	shū
1. 点	分	(书)

zǎo	wǔ	yě
2. 早	午	也

hào mǎ	shāng rén	mì shū
3. 号码	商人	秘书

diàn huà	lǎo shī	lǜ shī
4. 电话	老师	律师

10 Escribe lo siguiente en chino.

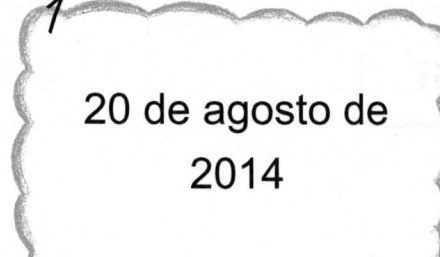

1. 20 de agosto de 2014

2. domingo 1 de octubre

二〇一四年八月二十日　　　　　_____

3. viernes 14 de abril

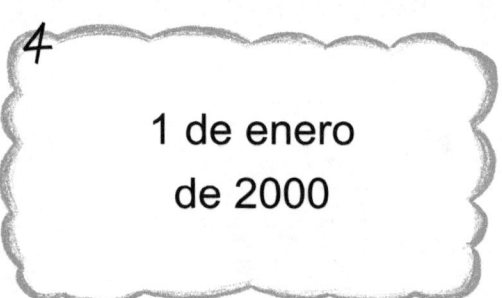

4. 1 de enero de 2000

_____　　　　　_____

11 Busca un carácter que contenga cada radical y escríbelo.

1. 刂:____　　2. 亻:____　　3. 目:____　　4. 日:____

5. 犭:____　　6. 彳:____　　7. 巾:____　　8. 讠:____

9. 氵:____　　10. 口:____　　11. 禾:____　　12. 夕:____

12 Haz diálogos y escríbelos.

A: 现在几点？

B: 晚上七点半。

A: _____

B: _____

A: _____

B: _____

A: _____

B: _____

13 Escribe los radicales.

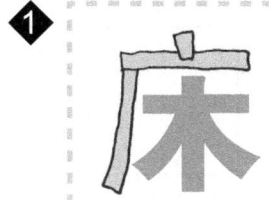  

 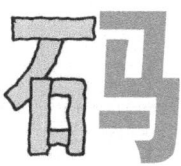 

14 Copia el vocabulario del Texto 2.

		一	十	土	丰	丰	走	走	起	起	起
qǐ levantarse	起	起	起	起							
		、	一	广	广	庐	床	床				
chuáng cama	床	床	床	床							
		丨	口	口	口'	吃	吃					
chī comer	吃	吃	吃	吃							
		丿	𠂉	饣	饣	饣	饭	饭				
fàn comida	饭	饭	饭	饭							
		一	十	土	去	去						
qù ir	去	去	去	去							
		、	讠	讠	讥	讯	诏	评	课	课		
kè clase; lección	课	课	课	课							

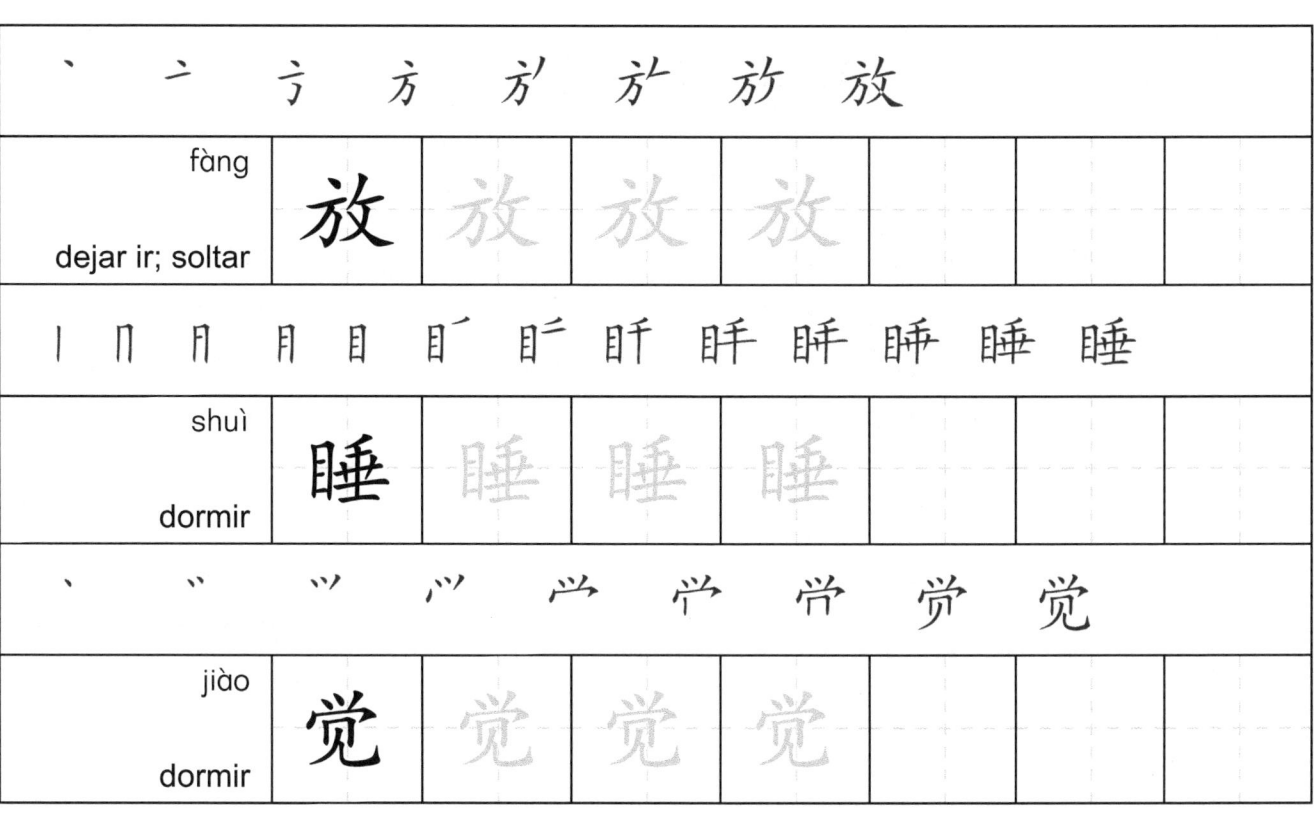

15 Une los dibujos con las respuestas del recuadro.

Respuestas

a) 起床
b) 吃早饭
c) 上学
d) 上课
e) 放学
f) 睡觉

16 Pon las manecillas en los relojes.

1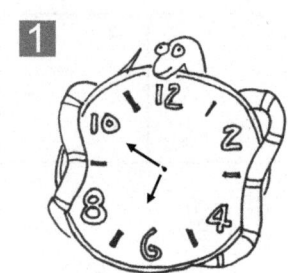
wǒ měi tiān zǎo shang
我每天早上
liù diǎn wǔ shí fēn
六点五十分
qǐ chuáng
起床。

2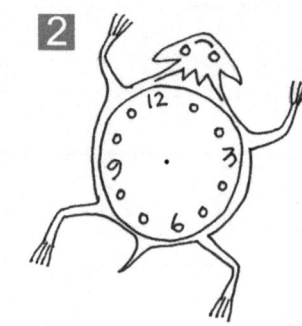
wǒ qī diǎn
我七点
chī zǎo fàn
吃早饭。

3
wǒ bā diǎn
我八点
qù shàng xué
去上学。

4
wǒ men bā diǎn bàn
我们八点半
shàng kè
上课。

5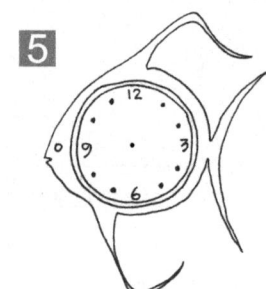
wǒ men xià wǔ
我们下午
sān diǎn yí kè
三点一刻
fàng xué
放学。

6
wǒ wǎn shang shí diǎn
我晚上十点
shuì jiào
睡觉。

17 Escribe el pinyin y el significado de cada palabra/expresión.

1. 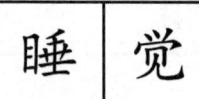   ir a la escuela

2. 睡觉 _____

3. 吃饭 _____

4.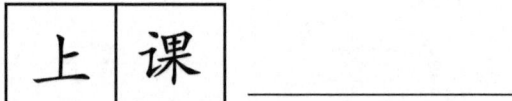

5. 上课 _____

6.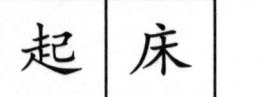

18 Completa el párrafo.

我 [早上七点起床]。我 _____ chī zǎo fàn 吃早饭。

我 _____ qù shàng xué 去上学。我们 _____

shàng kè 上课。我们下午 _____ fàng xué 放学。我 _____

shuì jiào 睡觉。

19 Rodea las palabras que no se refieran a la rutina diaria.

秘书	现在	吃饭	睡觉	律师
年级	起床	上课	早上	我们
放学	号码	上学	商人	晚上

20 Lee el texto y haz al menos cinco preguntas.

wáng dà zhōng jīn nián shí èr suì shàng
王大中今年十二岁，上
xiǎo xué liù nián jí　　tā zǎo shang qī
小学六年级。他早上七
diǎn bàn qǐ chuáng　qī diǎn sān kè chī zǎo
点半起床，七点三刻吃早
fàn　　tā bā diǎn yí kè shàng xué
饭。他八点一刻上学。
tā men bā diǎn bàn shàng kè　tā men
他们八点半上课。他们
xià wǔ sì diǎn fàng xué　tā wǎn shang
下午四点放学。他晚上
shí diǎn shuì jiào
十点睡觉。

1. _____
2. _____
3. _____
4. _____
5. _____

¡Ahora te toca a ti!

Escribe cómo es tu rutina diaria.

Unidad 4

Lección 12   Medios de transporte   交通工具

1 Copia los radicales.

	丿	𠂇	与	攵				
escritura	攵	攵	攵	攵				
	丿	𠂉	与	欠				
deber (algo)	欠	欠	欠	欠				
	一	十	士					
erudito	士	士	士	士				
	丶	门	门					
puerta	门	门	门	门				
	丿	𠂉	𠂉	刼	竹	竹		
bambú	竹	竹	竹	竹				
	丿	𠂉	匕	与	钅			
metal	钅	钅	钅	钅				

118

2 Copia el vocabulario del Texto 1.

一 二 于 开						
kāi abrir; conducir	开	开	开	开		
一 ᄂ 乇 车						
chē vehículo	车	车	车	车		
一 二 于 王 王 玎 玕 班 班						
bān turno	班	班	班	班		
一 十 土 キ キ 走 走						
zǒu andar	走	走	走	走		
丶 丨 口 口 尸 尸 足 趵 趵 政 路 路						
lù camino	路	路	路	路		
丿 亠 仁 勹 每 每 每						
měi cada	每	每	每	每		

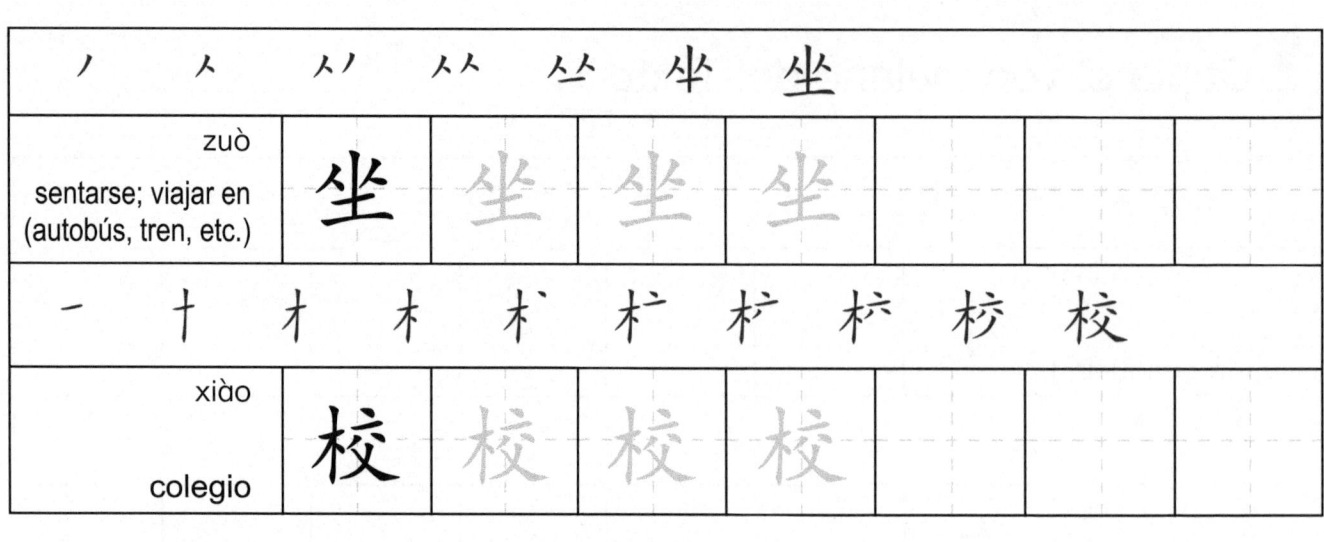

3 Escribe el pinyin y el significado de cada palabra/expresión.

1. 起床 _____
2. 中学 _____
3. 上班 _____
4. 坐车 _____
5. 电话 _____
6. 号码 _____
7. 校车 _____
8. 每天 _____

4 Añade un verbo para formar una palabra o expresión.

1. ___ 床 (chuáng) 2. ___ 学 (xué) 3. ___ 车 (chē) 4. ___ 课 (kè)

5. ___ 觉 (jiào) 6. ___ 饭 (fàn) 7. ___ 路 (lù) 8. ___ 工作 (gōng zuò)

5. Ordena las palabras para formar una oración.

1. měi tiān / mā ma / shàng bān / zǒu lù
   每天 / 妈妈 / 上班 / 走路 / 。
   → _____

2. bà ba / shàng bān / kāi chē / měi tiān
   爸爸 / 上班 / 开车 / 每天 / 。
   → _____

3. zuò / xiào chē / gē ge / měi tiān / shàng xué
   坐 / 校车 / 哥哥 / 每天 / 上学 / 。
   → _____

4. dì di / zǎo shang / qī diǎn / qǐ chuáng / měi tiān
   弟弟 / 早上 / 七点 / 起床 / 每天 / 。
   → _____

5. jiě jie / měi tiān / shuì jiào / wǎn shang / shí diǎn
   姐姐 / 每天 / 睡觉 / 晚上 / 十点 / 。
   → _____

6. Escribe los caracteres.

1. xià wǔ   2. wǎn shang   3. zǎo fàn   4. shàng xué

5. kāi chē   6. měi tiān   7. zǒu lù   8. qǐ chuáng

7. Busca un carácter que contenga cada radical y escríbelo.

1. 日: ___   2. 走: ___   3. 王: ___   4. 木: ___

5. 足: ___   6. 广: ___   7. 讠: ___   8. 方: ___

8 Rodea las palabras o expresiones y escríbelas.

每	今	明	月	学	开
昨	天	年	坐	校	车
起	床	早	上	晚	下
睡	觉	午	饭	班	去
商	工	秘	律	老	中
人	作	书	师	回	国

1. _____ 7. _____
2. _____ 8. _____
3. _____ 9. _____
4. _____ 10. _____
5. _____ 11. _____
6. _____ 12. _____

9 Escribe el significado de cada palabra/expresión.

1. shàng bān 上班 _____ / xià bān 下班 _____

2. shàng chē 上车 _____ / xià chē 下车 _____

3. shàng xué 上学 _____ / fàng xué 放学 _____

4. kāi chē 开车 _____ / zuò chē 坐车 _____

5. wǔ fàn 午饭 _____ / wǎn fàn 晚饭 _____

6. měi tiān 每天 _____ / měi nián 每年 _____

7. xué sheng 学生 _____ / xué xiào 学校 _____

8. míng nián 明年 _____ / qù nián 去年 _____

9. wǒ men 我们 _____ / nǐ men 你们 _____

10 Ejercicio de lectura.

我叫王小天，今年十一岁，上八年级。我家有爸爸、妈妈和我。我没有兄弟姐妹，我是独生女。我爸爸工作，我妈妈不工作。我爸爸每天早上九点上班，下午五点半下班。他开车上班。我每天早上八点一刻上学，下午三点十分放学。

Contesta las preguntas:

1. 她家有几口人？

2. 她今年多大了？

3. 她爸爸工作吗？

4. 她爸爸每天早上几点上班？

5. 王小天早上几点上学？

6. 王小天下午几点放学？

11 Completa cada espacio con un carácter para formar una palabra o expresión.

1. 每 ___   2. 学 ___   3. 走 ___   4. 放 ___

5. 睡 ___   6. 他 ___   7. 起 ___   8. 早 ___

12 Copia el vocabulario del Texto 2.

	ノ	ト	午	乍	乍	乍	怎	怎	怎
zěn cómo	怎	怎	怎	怎					

	丶	丷	少	火					
huǒ fuego	火	火	火	火					

	一	二	千	矛	禾	利	和	租	租	租
zū alquilar	租	租	租	租						

	ノ	八	公	公					
gōng público	公	公	公	公					

	一	十	廾	丗	共	共			
gòng público; común	共	共	共	共					

	丶	冫	氵	汽	汽	汽	汽		
qì gas; vapor	汽	汽	汽	汽					

一	十	土	切	地	地				
dì suelo	地	地	地	地					
丿	𠂆	𠂉	乍	钅	钅	钅	钅	铗	铁
tiě hierro	铁	铁	铁	铁					

13 Une los dibujos con las respuestas del recuadro.

Respuestas
a) 火车
b) 电车
c) 校车
d) 地铁
e) 出租车
f) 公共汽车

1 ... C   2 ... ☐   3 ... ☐
4 ... ☐   5 ... ☐   6 ... ☐

14 Escribe el carácter y su pinyin.

1. sol [rì 日]   2. luna ☐   3. grande ☐   4. pequeño ☐

5. cielo ☐   6. hoy ☐   7. año ☐   8. en ☐

9. hijo ☐   10. boca ☐   11. persona ☐   12. mitad ☐

15 Escribe los radicales.

❶ 问 ___ ❷ 数 ___ ❸ 等 ___

❹ 喜 ___ ❺ 铁 ___ ❻ 欢 ___

16 Une las preguntas con las respuestas.

nǐ jiā yǒu jǐ kǒu rén
1 你家有几口人？

nǐ jiā yǒu shuí
2 你家有谁？

nǐ shì nǎ guó rén
3 你是哪国人？

nǐ bà ba zuò shén me gōng zuò
4 你爸爸做什么工作？

tā měi tiān zěn me shàng bān
5 他每天怎么上班？

bà ba mā ma hé wǒ
a) 爸爸、妈妈和我。

zuò chū zū chē
b) 坐出租车。

zhōng guó rén
c) 中国人。

sān kǒu rén
d) 三口人。

shāng rén
e) 商人。

17 Marca los errores y corrígelos.

lù   mì   shuì   liǎng
1. 侓 ___   2. 秖 ___   3. 睡 ___   4. 西 ___

18 Rodea las palabras o expresiones y escríbelas.

我	他	她	独	生	子
你	们	火	电	校	日
公	共	汽	车	地	铁
睡	年	租	中	学	下
觉	明	今	昨	上	班
走	路	每	天	放	学

1. _____   7. _____
2. _____   8. _____
3. _____   9. _____
4. _____   10. _____
5. _____   11. _____
6. _____   12. _____

19 Busca en el recuadro el carácter que falta para formar una palabra o expresión.

1. ___ 床 (chuáng)
2. ___ 晚饭 (wǎn fàn)
3. ___ 车 (chē)
4. ___ 学 (xué)
5. ___ 课 (kè)
6. ___ 校车 (xiào chē)
7. ___ 路 (lù)
8. ___ 觉 (jiào)
9. ___ 早饭 (zǎo fàn)

开	做	吃
放	走	睡
坐	起	上

20 Colorea las palabras o expresiones.

起床	放学	汽车	地铁	哥哥
姐姐	校车	三刻	吃饭	六点
爸爸	电车	上学	睡觉	火车

1. vehículos: amarillo
2. rutina: azul
3. gente: rojo
4. tiempo: verde

Unidad 4   Revisión

1 Vocabulario sobre horas y momentos del día.

1.
   liǎng diǎn   sān diǎn líng wǔ fēn   sì diǎn shí fēn   jiǔ diǎn yí kè
   两点   三点零五分   四点十分   九点一刻

   qī diǎn sān kè sì shí wǔ fēn   shí diǎn bàn   chà shí fēn qī diǎn
   七点三刻（四十五分）   十点半   差十分七点

2.
   zǎo shang shàng wǔ zhōng wǔ xià wǔ wǎn shang
   早上   上午   中午   下午   晚上

3.
   měi tiān
   每天

2 Verbos.

qǐ chuáng chī fàn shàng xué shàng kè fàng xué shuì jiào
起床   吃饭   上学   上课   放学   睡觉

kāi chē zuò chē zǒu lù shàng bān
开车   坐车   走路   上班

3 Palabras interrogativas.

jǐ diǎn zěn me
几点   怎么

4 Vehículos.

xiào chē diàn chē gōng gòng qì chē chū zū chē
校车   电车   公共汽车   出租车

5 Radicales.

1. 扌 又 刂(刀) 米 彡 衤

2. 穴 矢 页 扌 艹 走

3. 夂 欠 士 门 ⺮ 钅

6. Preguntas y respuestas.

1. 现在几点了? (xiàn zài jǐ diǎn le) — 两点零五分。(liǎng diǎn líng wǔ fēn)

2. 你的表几点了? (nǐ de biǎo jǐ diǎn le) — 差五分六点。(chà wǔ fēn liù diǎn)

3. 你早上几点起床? (nǐ zǎo shang jǐ diǎn qǐ chuáng) — 六点三刻。(liù diǎn sān kè)

4. 你早上几点上学? (nǐ zǎo shang jǐ diǎn shàng xué) — 七点半。(qī diǎn bàn)

5. 你怎么上学? (nǐ zěn me shàng xué) — 坐校车。(zuò xiào chē)

6. 你中午几点吃午饭? (nǐ zhōng wǔ jǐ diǎn chī wǔ fàn) — 十二点半。(shí èr diǎn bàn)

7. 你下午几点放学? (nǐ xià wǔ jǐ diǎn fàng xué) — 三点四十分。(sān diǎn sì shí fēn)

8. 你晚上几点睡觉? (nǐ wǎn shang jǐ diǎn shuì jiào) — 十点。(shí diǎn)

9. 你爸爸几点上班? (nǐ bà ba jǐ diǎn shàng bān) — 他八点上班。(tā bā diǎn shàng bān)

10. 他怎么上班? (tā zěn me shàng bān) — 他开车上班。(tā kāi chē shàng bān)

Unidad 4   Prueba

1 Marca las frases correctas.

1. `02:55`
   a) 现在三点零五分。
   b) 现在差五分三点。

2. `16:30`
   a) 现在早上六点半。
   b) 现在下午四点半。

3. `04:15`
   a) 现在四点三刻。
   b) 现在四点一刻。

4. `08:55`
   a) 现在差五分九点。
   b) 现在差九分五点。

2 Pon las manecillas en los relojes.

1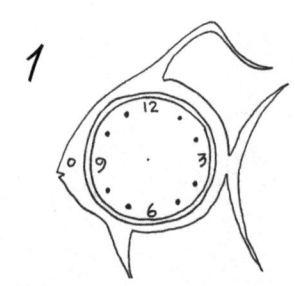
现在六点零五分

2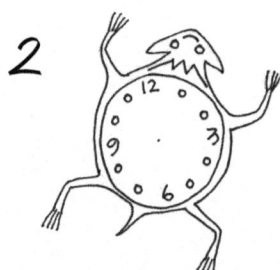
现在八点一刻

3
现在九点半

4
现在差十分七点

5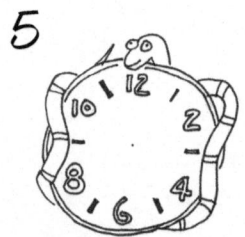
现在十二点三刻

6
现在十一点十五分

3 Busca el radical y escribe su significado.

1. 放 ☐   2. 零 ☐   3. 差 ☐

4. 起 ☐   5. 饭 ☐   6. 路 ☐

7. 租 ☐   8. 睡 ☐   9. 校 ☐

4 Busca en el recuadro el carácter que falta para formar una palabra o expresión.

1. ___ 床   2. 上 ___   3. ___ 饭

4. ___ 课   5. 上 ___   6. 开 ___

7. ___ 车   8. ___ 觉   9. ___ 在

起	吃	学
现	上	车
班	坐	睡

5 Une las preguntas con las respuestas.

1 你的表几点了?   a) 坐校车。

2 你每天晚上几点睡觉?   b) 十二岁。

3 你每天怎么上学?   c) 两点三刻。

4 你爸爸怎么上班?   d) 是中国人。

5 你今年多大了?   e) 开车。

6 你是中国人吗?   f) 十点半。

6 Ordena las palabras/expresiones para formar una oración.

1. 早上 / 起床 / 他 / 六点 / 。 → _____

2. 开车 / 每天 / 上班 / 爸爸 / 。 → _____

3. 哥哥 / 校车 / 上学 / 每天 / 坐 / 。 → _____

4. 九点 / 现在 / 五分 / 零 / 。 → _____

5. 差 / 八点 / 十分 / 现在 / 。 → _____

6. 每天 / 上学 / 早上 / 我 / 七点半 / 。 → _____

7 Completa los espacios con las palabras interrogativas del recuadro.

> 谁　多少　几　哪儿　哪　怎么　什么

1. 你是 _____ 国人？

2. 你每天 _____ 上学？

3. 你的表 _____ 点了？

4. 你住在 _____ ？

5. 你的电话号码是 _____ ？

6. 你家有 _____ ？

8 Escribe el significado de cada radical.

1. 土: _____   2. 又: _____   3. 米: _____   4. 夕: _____

5. 彡: _____   6. 礻: _____   7. 穴: _____   8. 矢: _____

9. 扌: _____   10. 艹: _____   11. 页: _____   12. 欠: _____

9 Completa los espacios con los caracteres que faltan.

1. 我妈妈是中□人。她今年四十□。

2. 她是秘□。她□北京工作。

3. 她早□七点起□，七点半□早饭。

4. 她□公共汽车□班。

5. 她下□六点下班。

6. 她晚□十一点睡□。

10 Redacción.

Escribe un párrafo sobre la rutina diaria de alguien.
Tu redacción debería incluir su:

    a) nombre, edad, nacionalidad y profesión

    b) rutina diaria

    c) medios de transporte para ir a la escuela o al trabajo

Unidad 5

Lección 13　Colores 颜色

1 Copia los radicales.

` 丶 亠 广 疒 疒 `							
enfermedad	疒	疒	疒	疒			
` 丶 丷 ⺈ 火 `							
fuego	火	火	火	火			
` ノ 爫 `							
garra	爫	爫	爫	爫			
` 𠃍 弓 `							
arco	弓	弓	弓	弓			
` 𠃌 力 `							
fuerza	力	力	力	力			
` 丶 ⺄ ネ ネ `							
ritual	礻	礻	礻	礻			

2 Copia el vocabulario del Texto 1.

	一	十	士	吉	吉	吉	吉	吉	壴	喜	喜	喜
xǐ contento; gustar	喜	喜	喜	喜								
	丿	又	𠁽	𣥂	欢	欢						
huān contento	欢	欢	欢	欢								
	丶	冂	冃	囗	四	甲	甲	里	黒	黑	黑	黑
hēi negro	黑	黑	黑	黑								
	丿	𠂉	夂	名	多	色						
sè color	色	色	色	色								
	丿	亻	𠂉	白	白							
bái blanco	白	白	白	白								
	一	十	廿	䒑	芇	苂	苗	苗	黄	黄	黄	
huáng amarillo	黄	黄	黄	黄								

135

3 Haz un dibujo con el color dado.

1. hēi sè 黑色
2. hóng sè 红色
3. bái sè 白色
4. huáng sè 黄色
5. lán sè 蓝色
6. fěn hóng sè 粉红色

4 Escribe el carácter y cuenta los trazos.

1. huǒ 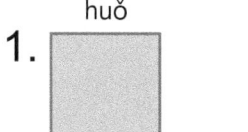 2. rén 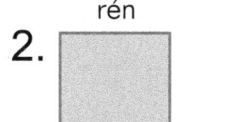 3. bàn 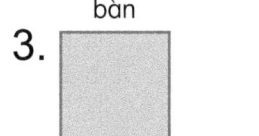 4. gōng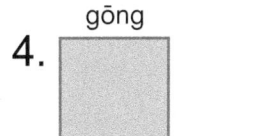

5. shàng  6. xià 7. qù 8. zhōng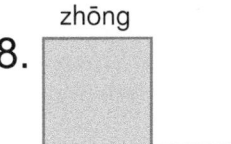

5 Busca un carácter que contenga cada radical y escríbelo.

1. 目: _____   2. 纟: _____   3. 灬: _____   4. 艹: _____

5. 士: _____   6. 米: _____   7. 钅: _____   8. 氵: _____

9. 足: _____   10. 王: _____   11. 亻: _____   12. 方: _____

6 Cuenta los trazos de cada carácter.

1. fěn    2. sè 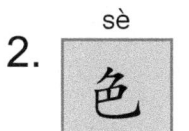   3. hēi    4. huáng

5. hóng 红   6. bái 白   7. lán 蓝   8. xǐ 喜

7 Escribe caracteres desde el de un trazo hasta el de nueve.

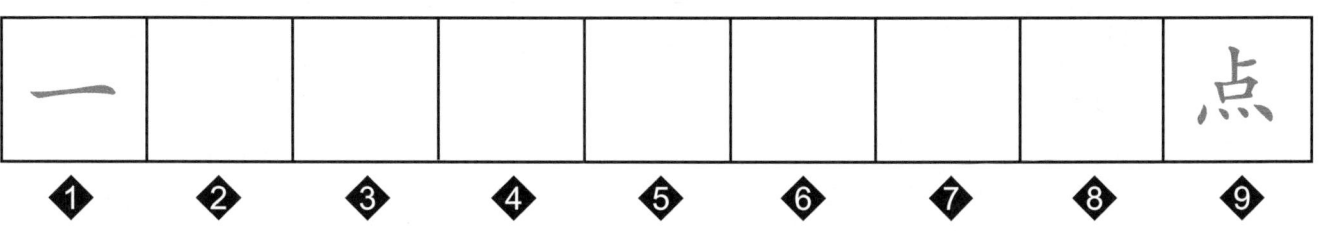

8 Haz un dibujo con los colores dados.

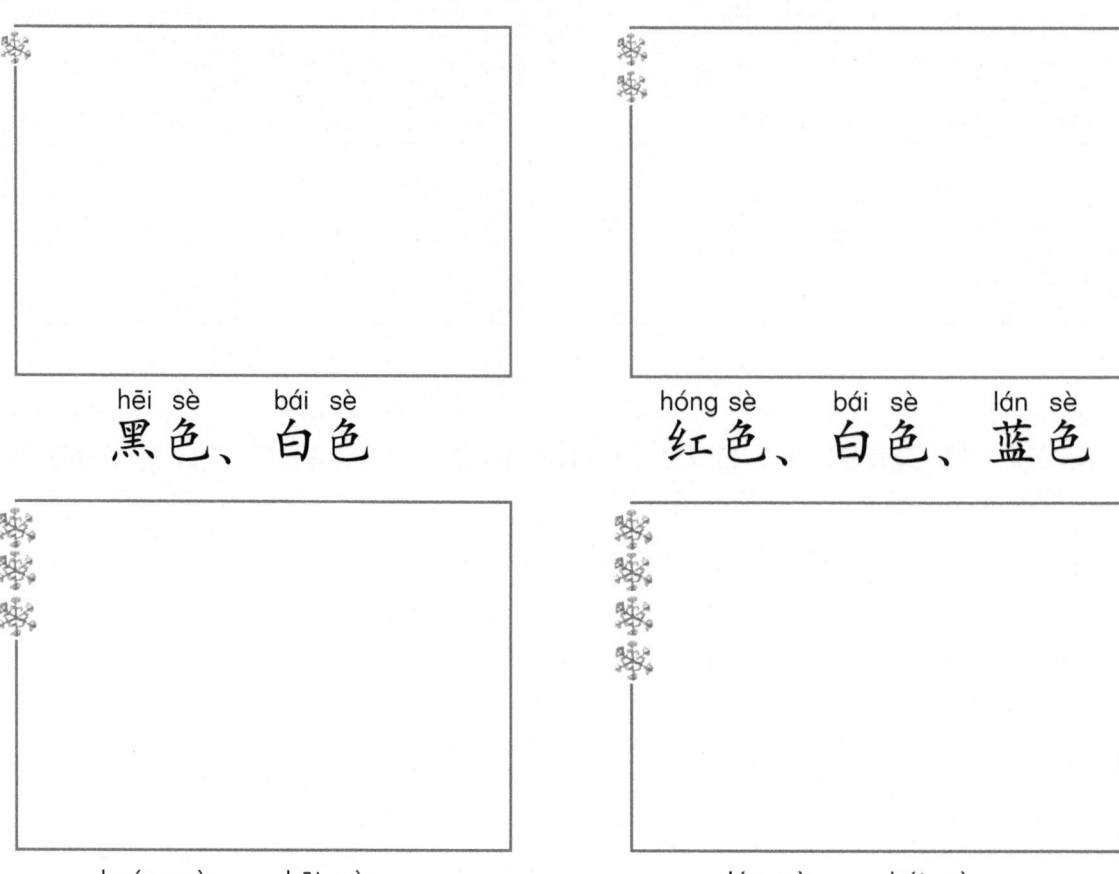

<pre>
 hēi sè   bái sè   hóng sè   bái sè   lán sè
 黑色、白色   红色、白色、蓝色

 huáng sè   hēi sè   lán sè   bái sè
 黄色、黑色   蓝色、白色
</pre>

9 Escribe los radicales.

10 Traduce del español al chino.

1. taxi negro   黑色的出租车

2. coche azul   _____

3. autobús rojo   _____

4. autobús escolar amarillo   _____

5. reloj rosa   _____

6. cama blanca   _____

11 Contesta las preguntas.

1. nǐ jīn nián duō dà le
   你今年多大了？

2. nǐ shàng jǐ nián jí
   你上几年级？

3. nǐ shì nǎ guó rén
   你是哪国人？

4. nǐ bà ba gōng zuò ma
   你爸爸工作吗？

5. tā zuò shén me gōng zuò
   他做什么工作？

6. tā měi tiān zěn me shàng bān
   他每天怎么上班？

7. nǐ měi tiān zǎo shang jǐ diǎn qǐ chuáng
   你每天早上几点起床？

8. nǐ měi tiān wǎn shang jǐ diǎn shuì jiào
   你每天晚上几点睡觉？

12 Utiliza "几" para formular seis preguntas.

1. 他几岁？
2. _____
3. _____
4. _____
5. _____
6. _____

13 Haz una frase utilizando las palabras o expresiones dadas.

1. 喜欢　我妹妹　　我妹妹喜欢红色和蓝色。
2. 红色　不喜欢　　_____
3. 每天　校车　　　_____
4. 怎么　你爸爸　　_____
5. 十点　睡觉　　　_____

14 Ejercicio de lectura.

我叫王红。我家有三口人：爸爸、妈妈和我。我爸爸是律师，我妈妈不工作。我喜欢红色，爸爸和妈妈都喜欢黑色。

Contesta las preguntas:

1. 王红家有几口人？
   _____
2. 她爸爸做什么工作？
   _____
3. 她妈妈工作吗？
   _____
4. 王红喜欢黑色吗？
   _____

15 Copia el vocabulario del Texto 2.

丶 亠 亡 产 立 产 产 彦 彦 彦 彦 颅 颜 颜							
yán / color	颜	颜	颜	颜			
一 十 才 木 木 术 术 术 松 松 桥 桥 橙 橙 橙							
chéng / naranja	橙	橙	橙	橙			
丨 卜 止 止 止 此 此 些 紫 紫 紫							
zǐ / violeta	紫	紫	紫	紫			
一 十 才 木 木 术 术 柠 柠 棕 棕 棕							
zōng / marrón	棕	棕	棕	棕			
ㄥ ㄥ 纟 纟 纟 纟 纩 纩 绿 绿 绿							
lǜ / verde	绿	绿	绿	绿			
一 ナ 大 太 灰 灰							
huī / gris	灰	灰	灰	灰			

16 Rodea los elementos que no correspondan.

1. shàng wǔ 上午　　shàng xué 上学　　zǎo shang 早上　　　4. huáng sè 黄色　　qǐ chuáng 起床　　fàng xué 放学

2. chī fàn 吃饭　　shuì jiào 睡觉　　zěn me 怎么　　　5. shāng rén 商人　　shàng bān 上班　　gōng zuò 工作

3. jīn tiān 今天　　míng tiān 明天　　nǎr 哪儿　　　6. huǒ chē 火车　　qì chē 汽车　　diàn huà 电话

17 Mezcla los colores para crear un color nuevo.

1.

   bái sè　hēi sè
   白色＋黑色＝ 灰色

2.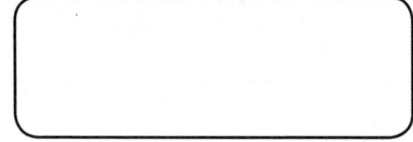

   lán sè　bái sè
   蓝色＋白色＝

3.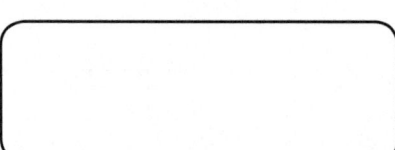

   hóng sè　huáng sè
   红色＋黄色＝

4.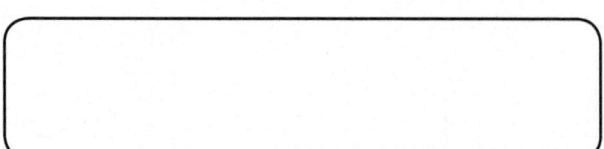

   hóng sè　huáng sè　lán sè
   红色＋黄色＋蓝色＝

5.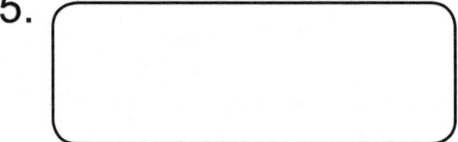

   bái sè　hóng sè
   白色＋红色＝

6.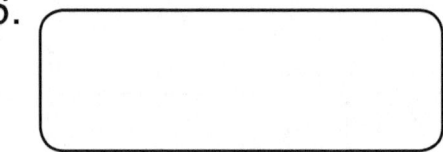

   huáng sè　lán sè
   黄色＋蓝色＝

7.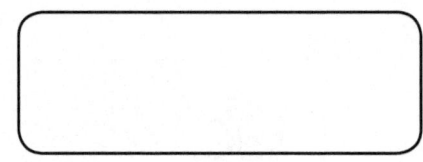

   zǐ sè　huáng sè
   紫色＋黄色＝

18 Completa los espacios con caracteres.

我叫王方，今年十四[suì]，上九[nián jí]。我[jiā]有五口人：[bà ba]、妈妈、哥哥、[jiě jie]和我。我爸爸[gōng zuò]，我妈妈[yě]工作。我爸爸是[shāng rén]，我妈妈是[mì shū]。我哥哥是大[xué shēng]，我姐姐[hé]我是中学生。我爸爸[xǐ huan]黑色和[zōng sè]。我妈妈喜欢[lǜ sè]和[huī sè]。我哥哥喜欢[bái sè]。我姐姐喜欢[zǐ sè]。我喜欢[chéng sè]。

19 Contesta las preguntas.

1. 你喜欢紫色吗？
   _____

2. 你喜欢什么颜色？
   _____

3. 你爸爸喜欢什么颜色？
   _____

4. 你妈妈喜欢什么颜色？
   _____

5. 你每天怎么上学？
   _____

6. 你晚上几点睡觉？
   _____

20 Marca los errores y escribe las frases correctas.

1. tā mā ma gōng zuò yě
   他妈妈工作也。→ 他妈妈也工作。

2. wǒ chī zǎo fàn zài qī diǎn
   我吃早饭在七点。→ _____

3. dì di shàng xué zuò xiào chē
   弟弟上学坐校车。→ _____

4. tā bà ba shàng bān kāi chē měi tiān
   她爸爸上班开车每天。→ _____

5. zěn me nǐ měi tiān shàng xué
   怎么你每天上学？→ _____

6. shén me yán sè nǐ xǐ huan
   什么颜色你喜欢？→ _____

21 Rodea las palabras relativas a los colores.

红 级 白 铁 绿 黄 蓝 租
灰 紫 课 黑 棕 走 地 橙

22 Traduce del español al chino.

1. Me gustan los colores rojo y verde.

   _____

2. Voy todos los días caminando al colegio.

   _____

3. No he tomado el desayuno.

   _____

4. Son las 3 y cuarto.

   _____

23 Ejercicio de lectura.

我叫王黑白。我是北京人。我家有三口人:爸爸、妈妈和我。我爸爸是老师。他每天开车上班。他喜欢黑色和白色,所以他给我起名黑白。我妈妈是秘书,她每天坐地铁上班。她喜欢蓝色和棕色。我今年十五岁,上十年级。我喜欢灰色和紫色。我们一家人现在住在上海。

Contesta las preguntas:

1. 王黑白今年多大了?

   _____

2. 他爸爸做什么工作?

   _____

3. 他爸爸每天怎么上班?

   _____

4. 他妈妈工作吗?

   _____

5. 他爸爸喜欢什么颜色?

   _____

6. 他妈妈喜欢什么颜色?

   _____

7. 王黑白也喜欢黑色吗?

   _____

8. 他们一家人现在住在哪儿?

   _____

Unidad 5

Lección 14 Ropa 穿着

1 Copia los radicales.

丿 刀							
borde	刀	刀	刀	刀			
丿 ⺧ 牛 牛							
vaca	牛	牛	牛	牛			
丨 冂 贝 贝							
concha	贝	贝	贝	贝			
丶 冫							
hielo	冫	冫	冫	冫			
丶 ㇇ ⺕ 户							
hogar	户	户	户	户			
丶 丷 忄							
sentimiento	忄	忄	忄	忄			

2. Copia el vocabulario del Texto 1.

	`丶 丷 宀 宀 宀 宀 空 穿 穿`						
chuān vestir; llevar puesto	穿	穿	穿	穿			
	`丶 ㇇ 衤 衤 衤 衤 衬 衬`						
chèn forro	衬	衬	衬	衬			
	`丶 ㇇ 衤 衤 衤 衤 衫 衫`						
shān prenda de arriba	衫	衫	衫	衫			
	`丿 ㇒ 二 牛`						
niú buey; vaca	牛	牛	牛	牛			
	`丿 亻 亻 仃 仔`						
zǎi hijo	仔	仔	仔	仔			
	`丶 ㇇ 衤 衤 衤 衤 衤 衤 裆 裆 裤 裤`						
kù pantalón	裤	裤	裤	裤			

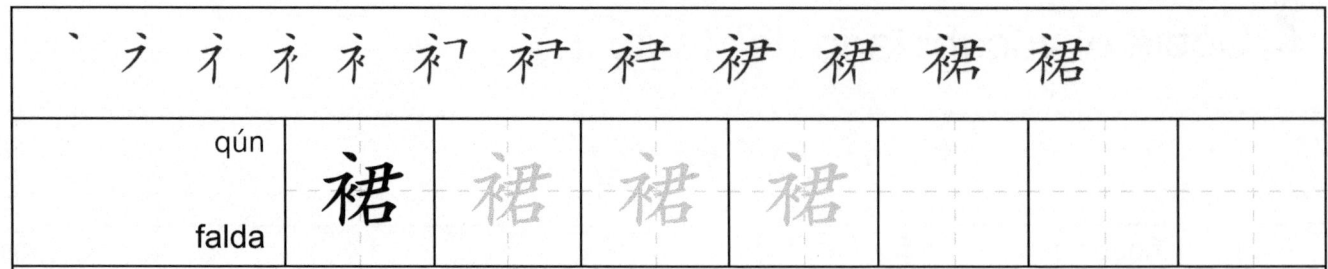

3 Colorea los dibujos.

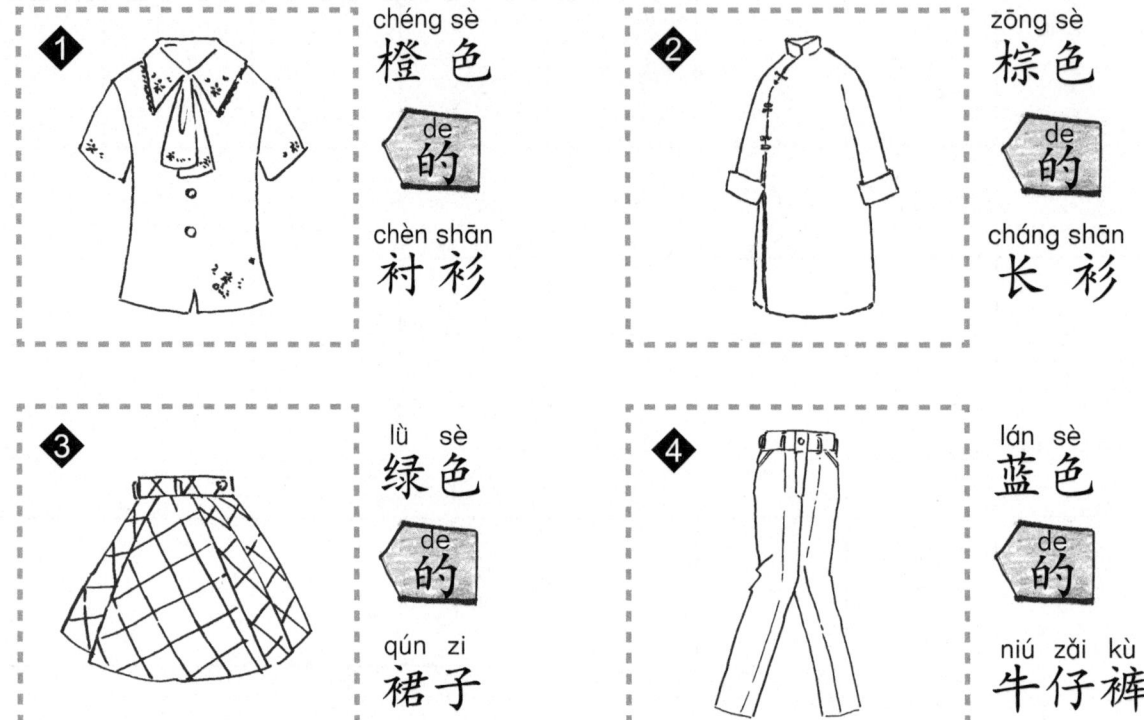

4 Contesta las preguntas.

1. nǐ xǐ huan shén me yán sè
你喜欢什么颜色？

_____

2. nǐ xǐ huan zōng sè ma
你喜欢棕色吗？

_____

3. nǐ xǐ huan chuān chèn shān ma
你喜欢穿衬衫吗？

_____

4. nǐ xǐ huan chuān niú zǎi kù ma
你喜欢穿牛仔裤吗？

_____

5 Busca en el recuadro los caracteres que contengan cada radical.

1. 亻: _____ 2. 灬: _____ 3. 足: _____

4. 木: _____ 5. 米: _____ 6. 页: _____

7. 衤: _____ 8. 穴: _____ 9. 禾: _____

10. 纟: _____ 11. 艹: _____

```
衬 穿 红 棕
绿 衫 粉 做
橙 颜 蓝 路
仔 黑 租
```

6 Busca en el recuadro el carácter que falta para formar una palabra.

```
师 书 生
车 子 们
天 人 色
```

1. xiào 校 ☐   2. kù 裤 ☐   3. wǒ 我 ☐

4. měi 每 ☐   5. yán 颜 ☐   6. mì 秘 ☐

7. shāng 商 ☐   8. lǜ 律 ☐   9. xué 学 ☐

7 Completa los espacios con las palabras y expresiones del recuadro.

```
三月    裙子    灰色    星期    晚上    牛仔裤
一半    紫色    上学    睡觉    校车    中国人
```

1. wǒ xǐ huan ___ hé ___
   我喜欢 _____ 和 _____ 。

2. dì di ___ jiǔ diǎn ___
   弟弟 _____ 九点 _____ 。

3. jīn tiān ___ èr rì ___ sì ___
   今天 _____ 二日 _____ 四 _____ 。

4. mèi mei zuò ___ ___
   妹妹坐 _____ _____ 。

5. jiě jie xǐ huan chuān ___ hé ___
   姐姐喜欢穿 _____ 和 _____ 。

6. tā ___ shì xī bān yá rén, yí bàn shì ___
   他 _____ 是西班牙人，一半是 _____ 。

149

8 Escribe una frase para cada imagen.

1  我家有五口人：爸爸、妈妈、弟弟、妹妹和我。

2  我爸爸

3  我妈妈

4  我喜欢

5 我弟弟喜欢

6 我妹妹喜欢

¡Ahora te toca a ti! ➡

Haz cuatro dibujos y descríbelos de forma similar.

9 Copia el vocabulario del Texto 2.

丶 一 亠 产 衣 衣						
yī ropa	衣	衣	衣	衣		

丿 刀 月 月 肝 肝 服 服						
fú ropa	服	服	服	服		

丶 丶 氵 汀 汗 汗						
hàn sudor	汗	汗	汗	汗		

丿 ㅑ ㄴ 乍 矢 矢 矢' 知 知 短 短						
duǎn corto	短	短	短	短		

丿 二 三 毛						
máo lana	毛	毛	毛	毛		

丿 ㄅ 夕 列 外						
wài fuera	外	外	外	外		

一 ナ 大 太 本 本 奄 套 套 套						
tào cubrir	套	套	套	套		

ノ 一 ナ 长						
cháng largo	长	长	长	长		

10 Busca las palabras en el diccionario. Escribe sus significados.

hé fú
1. 和服 _____

shǒu tào
6. 手套 _____

cháng shān
2. 长衫 _____

dà yī
7. 大衣 _____

wà zi
3. 袜子 _____

fēng yī
8. 风衣 _____

pí xié
4. 皮鞋 _____

mào zi
9. 帽子 _____

xī zhuāng
5. 西装 _____

lián yī qún
10. 连衣裙 _____

11 Rodea las palabras relativas a la ropa.

衬衫	毛衣	汗衫	年级	长衫	出租车
睡觉	外套	起床	长裤	上课	牛仔裤
短裤	地铁	上衣	放学	和服	校服

12 Une los dibujos con las respuestas del recuadro.

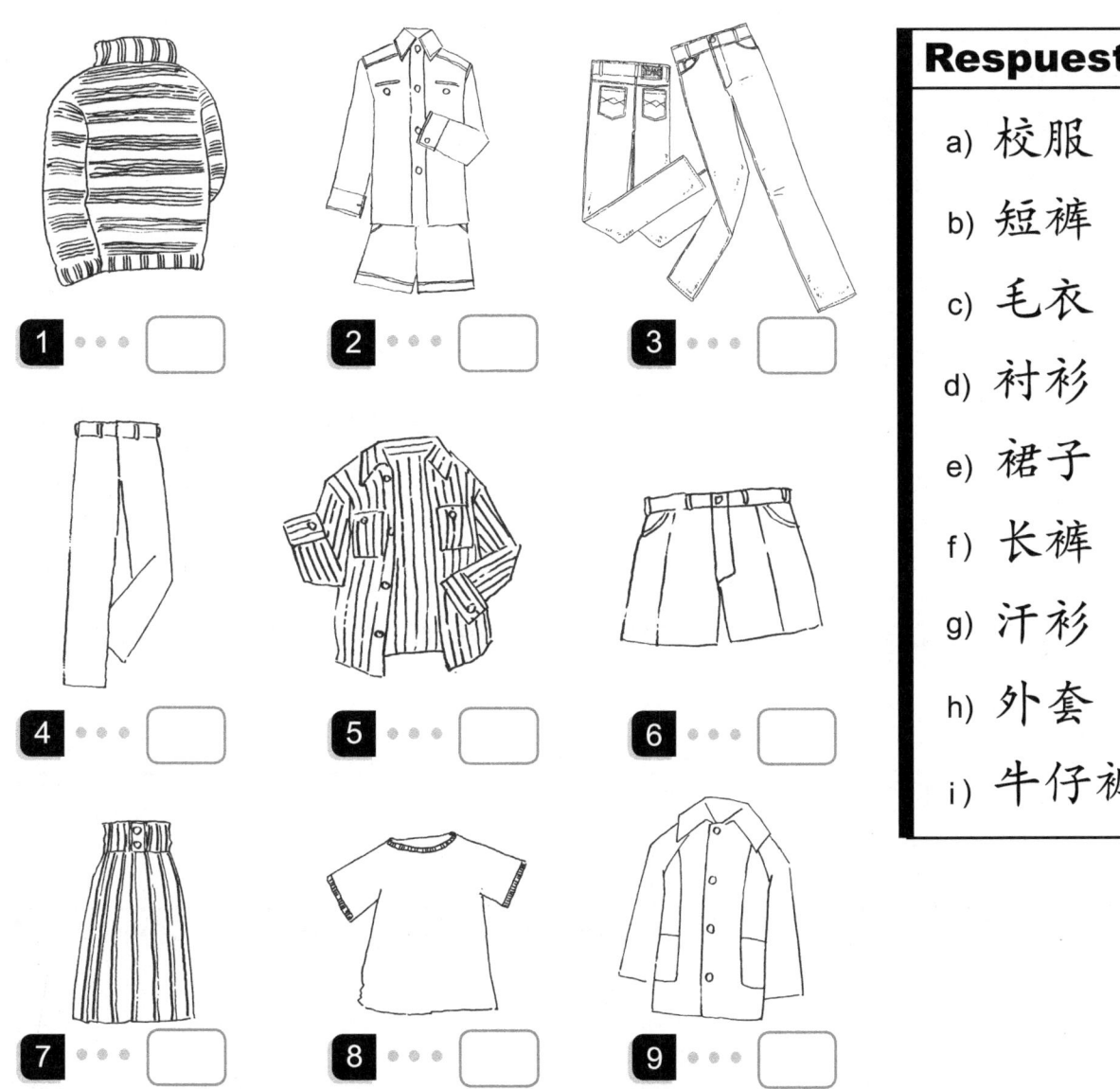

Respuestas

a) 校服
b) 短裤
c) 毛衣
d) 衬衫
e) 裙子
f) 长裤
g) 汗衫
h) 外套
i) 牛仔裤

13 Haz una frase utilizando las palabras dadas.

měi tiān　　shuì jiào
1. 每天　睡觉 _____

xǐ huan　　wài tào
2. 喜欢　外套 _____

zǎo shang　　shàng xué
3. 早上　上学 _____

diàn huà hào mǎ　　duō shao
4. 电话号码　多少 _____

14 Escribe los caracteres.

1. mèi mei xǐ huan chuān 妹妹喜欢穿 [máo yī] 。

2. jiě jie xǐ huan 姐姐喜欢 [hóng sè] 。

3. tā shì 她是 [dú shēng nǚ] 。

4. tā mā ma shì 他妈妈是 [lǎo shī] 。

5. wǒ měi tiān qī diǎn 我每天七点 [qǐ chuáng] 。

6. tā měi tiān 他每天 [kāi chē] 上班。

15 Escribe caracteres desde el de tres trazos hasta el de once.

| 大 | | | | | | | | |
| ❸ | ❹ | ❺ | ❻ | ❼ | ❽ | ❾ | ❿ | ⓫ |

16 Traduce del español al chino.

1. No me gusta llevar uniforme escolar. _____

2. No tengo hermanos. _____

3. Mi madre va todos los días al trabajo caminando. _____

4. Es hijo único. _____

17 Colorea los dibujos.

1.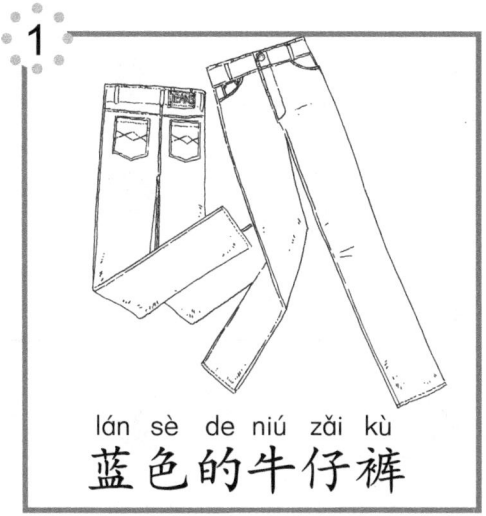
lán sè de niú zǎi kù
蓝色的牛仔裤

2.
zǐ sè de duǎn kù
紫色的短裤

3.
chéng sè de hàn shān
橙色的汗衫

4.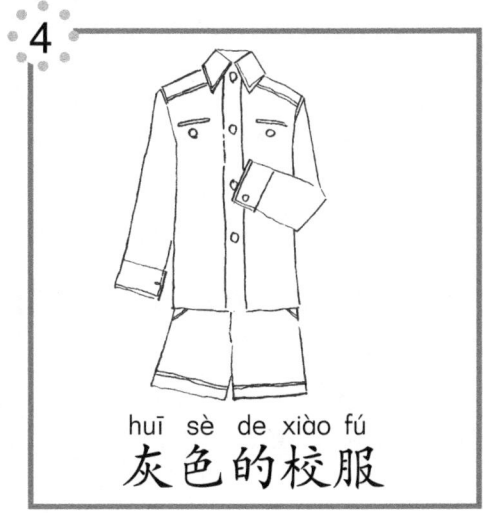
huī sè de xiào fú
灰色的校服

5.
fěn hóng sè de máo yī
粉红色的毛衣

6.
zōng sè de wài tào
棕色的外套

18 Rodea las palabras o expresiones y escríbelas.

衬	衣	校	地	日	出
汗	衫	服	铁	火	租
走	路	公	共	汽	车
粉	红	色	长	裙	放
上	下	火	短	裤	学
中	午	饭	独	生	子

1. _____ 7. _____
2. _____ 8. _____
3. _____ 9. _____
4. _____ 10. _____
5. _____ 11. _____
6. _____ 12. _____

19 Marca los errores y escribe los caracteres correctos.

tā xǐ huan chuān chèn shān hé niú zǎi kù
1. 他喜欢穿衬衫和午仔裤。   牛 _____

wǒ dì di měi tiān zuò chū zū chē shàng xué
2. 我第第每天坐出姐车下学。 _____

tā jīn tiān chuān máo yī wài tào hé cháng kù
3. 她令天穿手衣、处套和长裤。 _____

nǐ bà ba mā ma měi tiān zěn me shàng bān
4. 你爸爸、吗吗每天作么上班？ _____

tā men yì jiā rén xiàn zài zhù zài shàng hǎi
5. 他们一字人现在住在上海。 _____

20 Ejercicio de lectura.

我叫黄铁牛。我是北京人。我今年十二岁,上七年级。我们一家人现在住在香港。

我家有三口人:爸爸、妈妈和我。我爸爸每天九点上班。他坐公共汽车上班。他喜欢穿衬衫和长裤。我妈妈不工作。她喜欢穿裙子。我每天八点上学,下午四点放学。我喜欢穿汗衫和牛仔裤。

Contesta las preguntas:

1. 黄铁牛今年上几年级?

2. 他每天几点上学?

3. 他爸爸工作吗?

4. 他爸爸喜欢穿什么衣服?

5. 他爸爸每天怎么上班?

6. 他妈妈工作吗?

7. 他妈妈喜欢穿什么衣服?

8. 他喜欢穿什么衣服?

Unidad 5

Lección 15   Partes del cuerpo 人体部位

1 Copia los radicales.

	一 厂						
acantilado	厂	厂	厂	厂			
	一 𠂉 车 车						
vehículo	车	车	车	车			
	丶 亠 二 亍 立						
estar de pie	立	立	立	立			
	一 十 艹 廿 艹 苎 昔 苸 革						
cuero	革	革	革	革			
	丨 ㇑ 止 止						
parar	止	止	止	止			
	丶 口 口 中 虫 虫						
insecto	虫	虫	虫	虫			

2 Copia el vocabulario del Texto 1.

	丨 冂 冂 月 目 目﹁ 目ㄱ 目ㄱ 眼 眼 眼					
yǎn ojo	眼	眼	眼	眼		

	丨 冂 冂 月 目 目﹁ 目ㄱ 目ㄒ 睛 睛 睛 睛					
jīng pupila	睛	睛	睛	睛		

	一 丆 丌 丌 耳 耳					
ěr oreja	耳	耳	耳	耳		

	丿 几 凡 朵 朵 朵					
duǒ clasificador	朵	朵	朵	朵		

	′ 丿 白 白 自 自 鼻 鼻 鼻 畠 畠 鼻 鼻					
bí nariz	鼻	鼻	鼻	鼻		

	丨 冂 口 口﹁ 口ㄒ 吡 吡 吡 咔 咔 嘴 嘴 嘴 嘴					
zuǐ boca	嘴	嘴	嘴	嘴		

㇇ ㇆ ㇅ 巴							
bā mejilla	巴	巴	巴	巴			
一 二 三 手							
shǒu mano	手	手	手	手			
丿 ⺆ 月 月 月一 月十 月土 肤 肤 脚 脚							
jiǎo pie	脚	脚	脚	脚			
丿 ⺆ 月 月 月㇇ 月ㄱ 月ヨ 月巳 月艮 月艮 月艮 腿 腿							
tuǐ pierna	腿	腿	腿	腿			

3 Une los dibujos con las respuestas del recuadro.

① ☐

② ☐

③ ☐

④ ☐

⑤ ☐

⑥ ☐

⑦ ☐

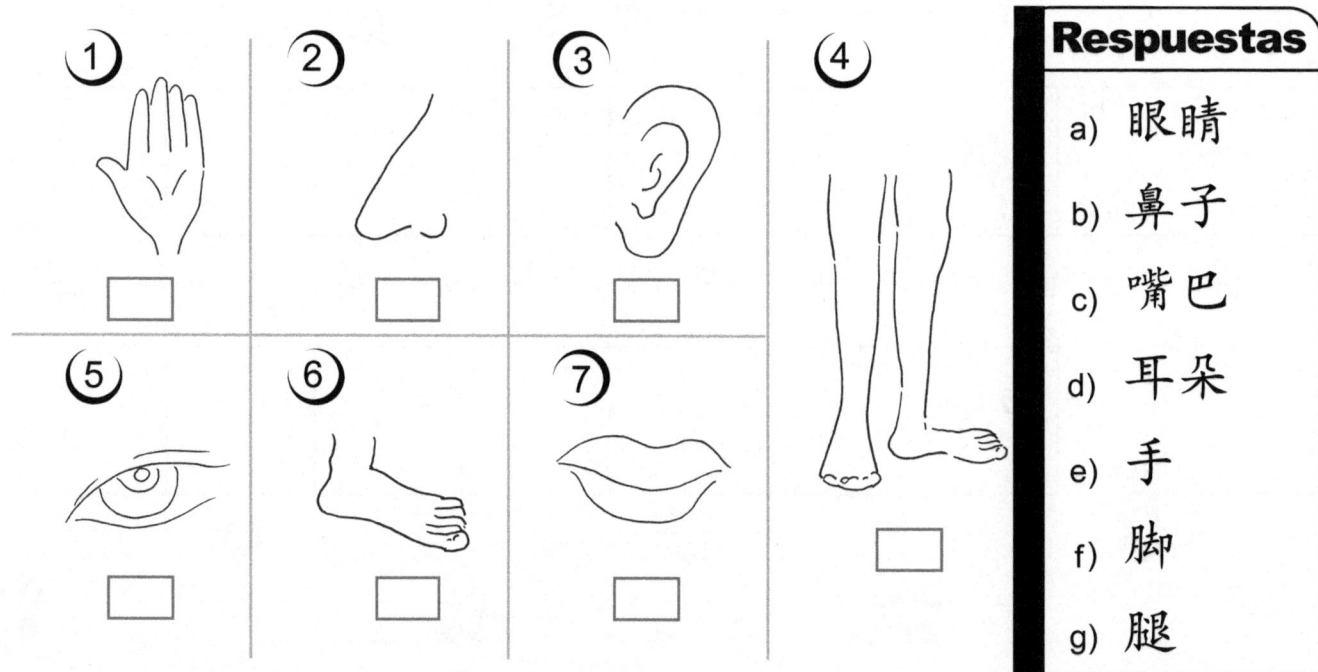

Respuestas

a) 眼睛
b) 鼻子
c) 嘴巴
d) 耳朵
e) 手
f) 脚
g) 腿

4 Escribe los radicales.

1. ojo: _____
2. agua: _____
3. carne: _____
4. puesta de sol: _____
5. ropa: _____
6. boca: _____
7. madera: _____
8. cueva: _____
9. comida: _____
10. metal: _____
11. hierba: _____
12. página: _____

5 Haz dibujos.

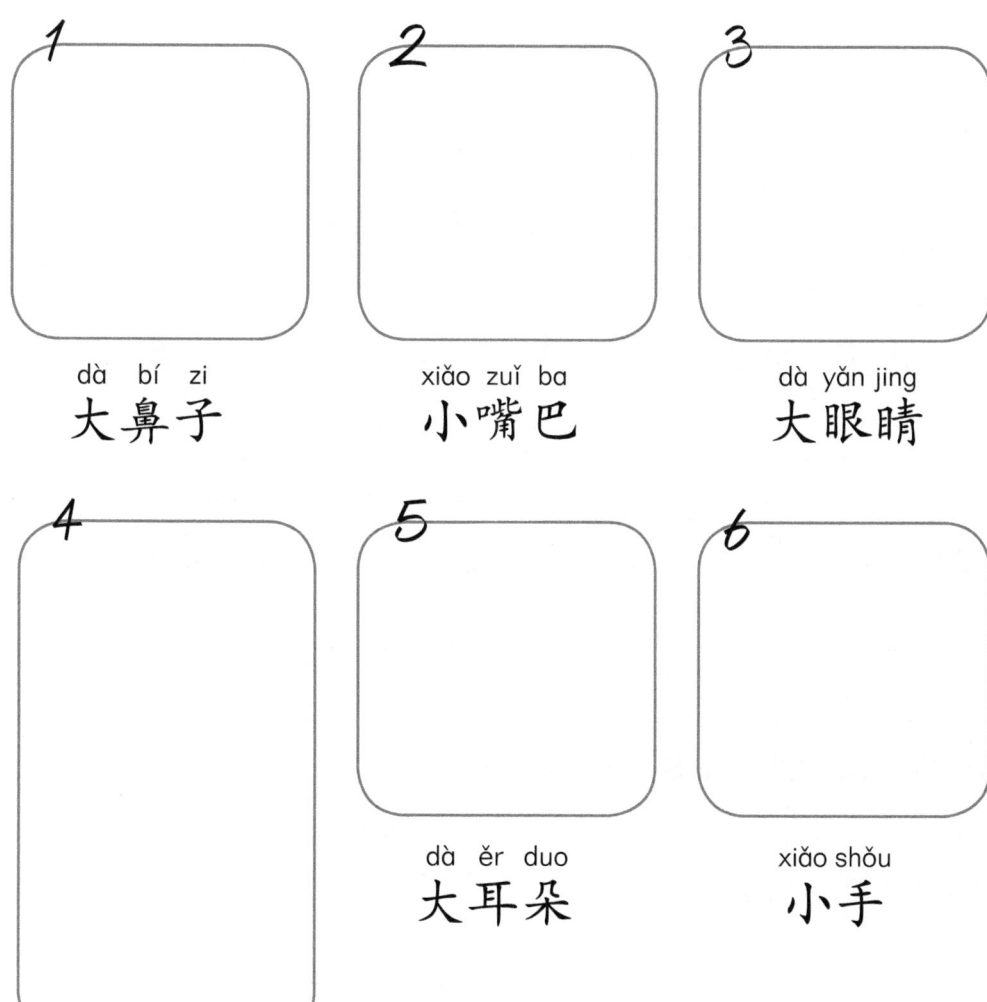

1. dà bí zi 大鼻子
2. xiǎo zuǐ ba 小嘴巴
3. dà yǎn jing 大眼睛
4. cháng tuǐ 长腿
5. dà ěr duo 大耳朵
6. xiǎo shǒu 小手

6 Completa los espacios con las fechas que faltan y contesta las preguntas.

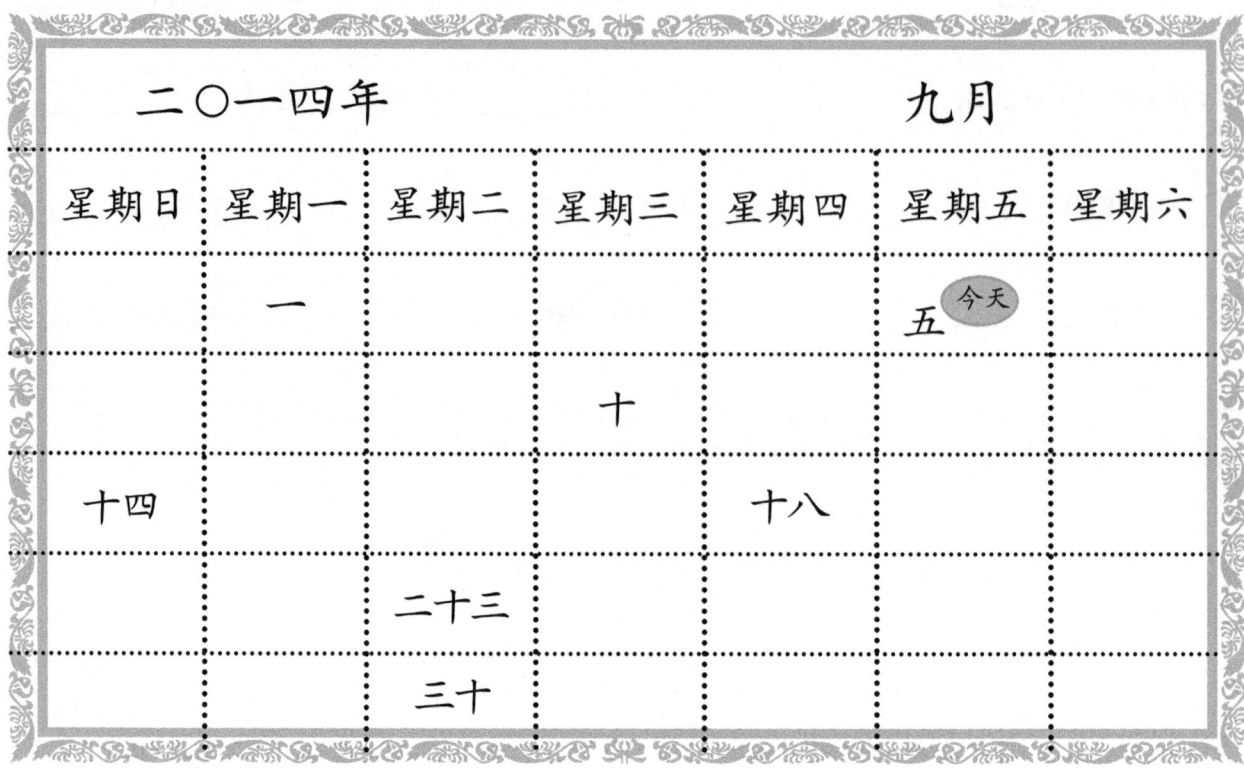

1. jīn tiān jǐ yuè jǐ hào
   今天几月几号？
   _____

2. jīn tiān xīng qī jǐ
   今天星期几？
   _____

3. jiǔ yuè shí rì shì xīng qī jǐ
   九月十日是星期几？
   _____

4. jiǔ yuè yī rì shì xīng qī jǐ
   九月一日是星期几？
   _____

7 Contesta las preguntas.

1. nǐ de yǎn jing dà ma
   你的眼睛大吗？
   _____

2. nǐ de zuǐ ba xiǎo ma
   你的嘴巴小吗？
   _____

3. nǐ de tuǐ cháng ma
   你的腿长吗？
   _____

4. nǐ de ěr duo dà ma
   你的耳朵大吗？
   _____

8 Colorea el dibujo y escribe una frase sobre él.

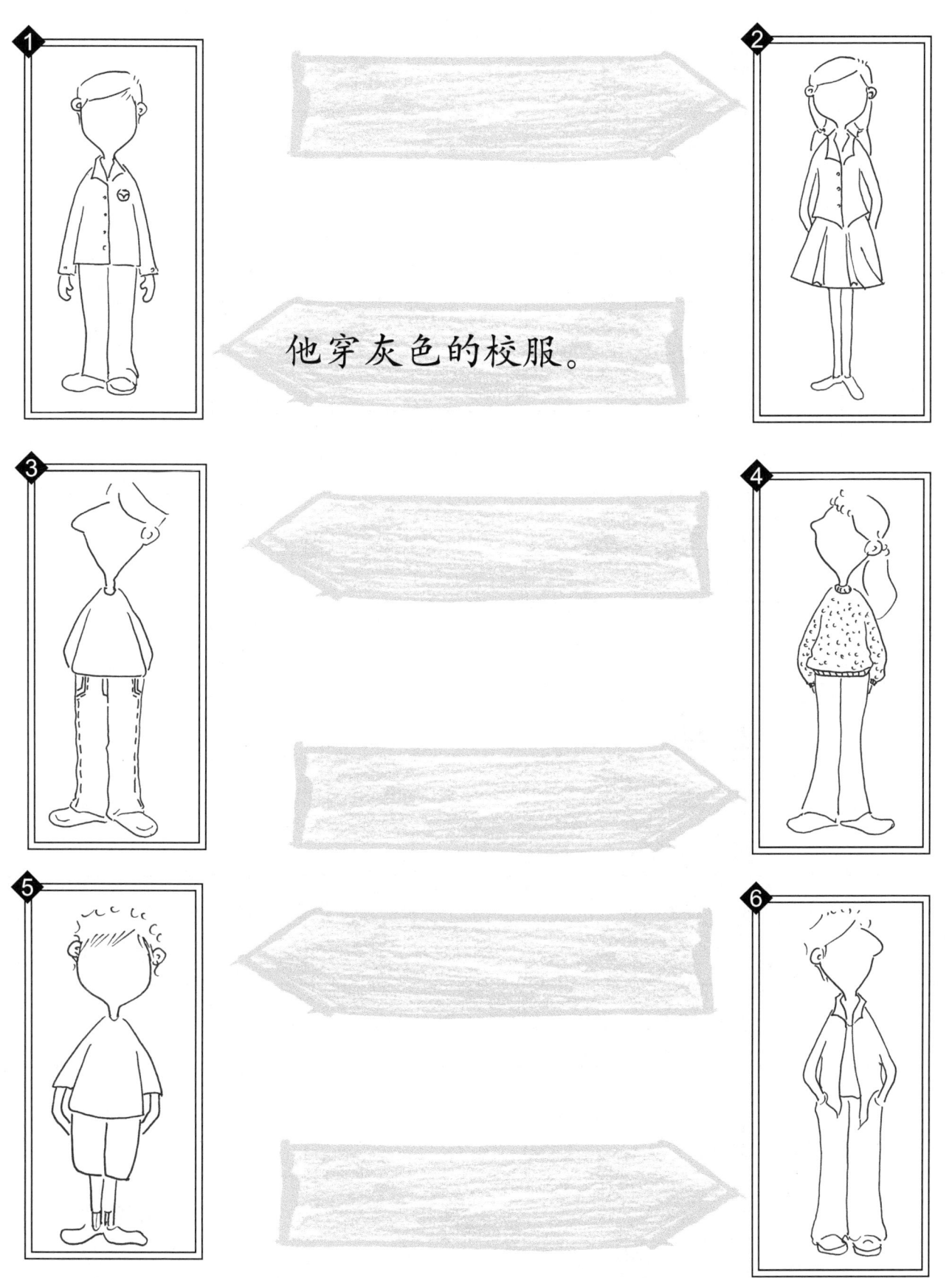

他穿灰色的校服。

9 Copia el vocabulario del Texto 2.

Trazos	丶 ㇆ 彳 彳 彴 得 得 得 得 得						
de / partícula	得	得	得	得			
Trazos	丿 ㇒ ㇒ 矢 矢 矢 矢 矢 矢 矮 矮 矮 矮						
ǎi / bajo	矮	矮	矮	矮			
Trazos	丶 亠 亠 古 古 高 高 高 高						
gāo / alto	高	高	高	高			
Trazos	丶 丷 二 头 头						
tóu / cabeza	头	头	头	头			
Trazos	乚 ㇇ 冖 发 发						
fà / pelo	发	发	发	发			
Trazos	一 十 十 才 木 术 术 柞 柞 样 样						
yàng / aspecto	样	样	样	样			

10 Escribe una frase para cada imagen.

1. 他有大大的眼睛。

11 Rodea las palabras o expresiones y escríbelas.

眼	睛	耳	独	学	衣
嘴	巴	朵	生	校	服
火	腿	鼻	子	车	外
头	发	晚	上	课	套
衬	衫	棕	紫	短	长
粉	红	色	牛	仔	裤

1 _____ 7 _____
2 _____ 8 _____
3 _____ 9 _____
4 _____ 10 _____
5 _____ 11 _____
6 _____ 12 _____

12 Escribe la hora en chino.

1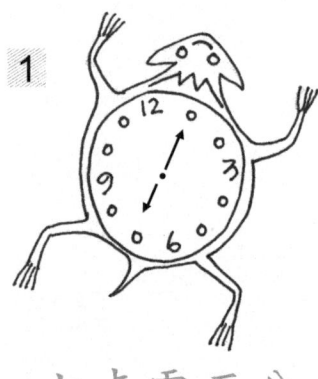

七点零五分

2

3

4

5

6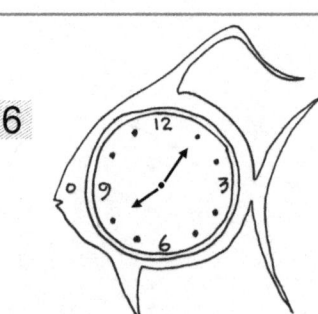

13 Escribe algunas frases sobre cada personaje.

Ejemplo

她长得矮矮的。她有大大的眼睛、小小的鼻子和嘴巴。她的头发不长。

14 Contesta las preguntas.

nǐ zhǎng shén me yàng
1. 你长什么样？

nǐ bà ba zhǎng shén me yàng
2. 你爸爸长什么样？

15 Ordena las palabras para formar una oración.

1. 他 / 上学 / 每天 / 穿 / 校服 / 。
→ 他每天穿校服上学。

2. 喜欢 / 橙色 / 她 / 白色 / 和 / 。
→ _____

3. 爸爸 / 开车 / 每天 / 上班 / 。
→ _____

4. 王星 / 九点 / 晚上 / 睡觉 / 。
→ _____

5. 有 / 你 / 姐姐 / 几个 / ?
→ _____

16 Escribe dos caracteres con cada radical.

1. 心: ___ ___   2. 口: ___ ___   3. 礻: ___ ___

4. 亻: ___ ___   5. 夕: ___ ___   6. 女: ___ ___

17 Formula una pregunta con cada palabra interrogativa.

1. 几: _____   4. 什么: _____

2. 谁: _____   5. 怎么: _____

3. 吗: _____   6. 哪儿: _____

18 Añade un carácter para formar una palabra.

1. xià wǔ 下午 → 午___ wǔ
2. cháng kù 长裤 → 裤___ kù
3. zhōng xué 中学 → 学___ xué
4. dà huǒ 大火 → 火___ huǒ
5. máo yī 毛衣 → 衣___ yī
6. zǎo shang 早上 → 上___ shàng
7. míng nián 明年 → 年___ nián
8. xué xiào 学校 → 校___ xiào
9. chū hàn 出汗 → 汗___ hàn

19 Lee el texto y pon √ (verdadero) o × (falso).

毛小红今年十二岁，是中国人。她有大眼睛，小鼻子和大耳朵。她的头发是黑色的，很短。她每天穿校服上学。她今天穿白衬衫和蓝短裙。她不喜欢她的校服。她不喜欢校服的颜色。

1 毛小红有大鼻子。
2 她的头发很短。
3 她穿校服上学。
4 她喜欢她的校服。
5 她一半是中国人。

¡Ahora te toca a ti!

Escribe un texto similar sobre ti mismo.

Unidad 5   Revisión

1 Colores.

颜色： 黑色 白色 黄色 蓝色 红色 粉红色
yán sè   hēi sè bái sè huáng sè lán sè hóng sè fěn hóng sè

橙色 棕色 绿色 灰色
chéng sè zōng sè lǜ sè huī sè

2 Ropa.

衣服： 衬衫 牛仔裤 裙子 汗衫 短裤 毛衣
yī fu   chèn shān niú zǎi kù qún zi hàn shān duǎn kù máo yī

外套 长裤 校服
wài tào cháng kù xiào fú

3 Partes del cuerpo.

眼睛 鼻子 嘴巴 头 手 腿 脚 头发
yǎn jing bí zi zuǐ ba tóu shǒu tuǐ jiǎo tóu fa

4 Adjetivos.

高 矮 长 短
gāo ǎi cháng duǎn

5 Verbos.

喜欢 穿 长(得)
xǐ huan chuān zhǎng de

6 Radicales.

1. 疒 火 心 弓 力 衤

2. 冂 牛 贝 冫 户 忄

3. 厂 车 立 革 止 虫

7. Preguntas y respuestas.

1. 你喜欢什么颜色？　　　红色、橙色和蓝色。

2. 你喜欢黑色吗？　　　不喜欢。

3. 你喜欢穿什么衣服？　　　汗衫和牛仔裤。

4. 你上学穿校服吗？　　　穿。

5. 你穿什么校服？　　　白色的衬衫和蓝色的长裤。

6. 你喜欢你的校服吗？　　　不喜欢。

7. 你哥哥长什么样？　　　他长得高高的。他有大眼睛和黑色的短发。

Unidad 5 Prueba

1 Colorea las palabras como se indica.

校车	起床	衬衫	高	眼睛
短裤	矮	鼻子	毛衣	出租车
耳朵	校服	汗衫	外套	公共汽车
短	上学	嘴巴	睡觉	电车

1. vehículos: 红色
2. rutina diaria: 绿色
3. ropa: 蓝色
4. adjetivos: 橙色
5. partes del cuerpo: 黄色

2 Busca el radical y escribe su significado.

1. 弹 ☐   2. 爱 ☐   3. 病 ☐
4. 祝 ☐   5. 周 ☐   6. 冷 ☐
7. 房 ☐   8. 忙 ☐   9. 厅 ☐
10. 辆 ☐ 11. 鞋 ☐ 12. 虾 ☐

3 Escribe un carácter con cada radical.

1. 火: _____   2. 夕: _____   3. 穴: _____   4. 止: _____
5. 矢: _____   6. 士: _____   7. 又: _____   8. 衤: _____

4 Ordena las palabras para formar una oración.

1. 不 / 他 / 喜欢 / 黑色 / 。 → _____

2. 喜欢 / 裙子 / 妈妈 / 穿 / 。 → _____

3. 上学 / 我 / 校服 / 穿 / 。 → _____

4. 大大的 / 小天 / 眼睛 / 有 / 。 → _____

5. 不矮 / 她 / 也 / 不高 / 。 → _____

5 Completa los espacios con las palabras interrogativas del recuadro.

| 几   多大   怎么   什么   哪   哪儿 |

1. 你家有_____口人? 4. 你喜欢_____颜色?

2. 你是_____国人? 5. 你哥哥今年_____了?

3. 你长_____样? 6. 你爸爸每天_____上班?

6 Busca los antónimos en el recuadro.

| 小 短 |
| 矮 白 |
| 下 晚 |

1. 大 → _____   4. 高 → _____

2. 长 → _____   5. 黑 → _____

3. 上 → _____   6. 早 → _____

7 Traduce del chino al español.

1. 他长得不高也不矮。 _____

2. 爸爸每天穿衬衫和长裤上班。
   _____

3. 姐姐有黑色的长发。 _____

4. 妹妹喜欢穿粉红色的裙子。 _____

8 Escribe las frases correctas.

1. 他坐校车上学每天。→ _____

2. 他起床六点半早上。→ _____

3. 我上学坐校车。→ _____

4. 爸爸坐开车上班。→ _____

5. 我的生日是八号十月。→ _____

9 Une las preguntas con las respuestas.

___ 1 你妈妈长什么样？　　　　a) 蓝色和红色。

___ 2 你喜欢什么颜色？　　　　b) 穿。

___ 3 你每天穿校服上学吗？　　c) 她有大眼睛和短头发。

___ 4 你喜欢穿什么衣服？　　　d) 汗衫和短裤。

10 Traduce del español al chino.

1. Me gustan los colores amarillo y verde. _____

2. Todos los días mi madre lleva camiseta y falda al trabajo.
   _____

3. No me gusta mi uniforme escolar. _____

4. Todos los días mi padre va al trabajo en coche.
   _____

5. Él va a trabajar a las 8 de la mañana.
   _____

11 Elige a dos personajes y descríbelos en chino.

_____

_____

_____

A

B

C

Vocabulario 词汇表

A

| ǎi | 矮 | bajo (en altura) | 15 |

B

bā	八	ocho	2
bā	巴	mejilla	15
bà	爸	papá	7
bàba	爸爸	papá	7
bái	白	blanco	13
báisè	白色	blanco	13
bān	班	turno	12
bàn	半	mitad	8
běijīng	北京	Beijing	6
bí	鼻	nariz	15
bízi	鼻子	nariz	15
biǎo	表	reloj	10
bù	不	no	8

C

chà	差	faltar	10
cháng	长	largo	14
chángkù	长裤	pantalones largos	14
chē	车	vehículo	12
chèn	衬	forro	14
chènshān	衬衫	camisa	14
chéng	橙	naranja	13
chéngsè	橙色	(color) naranja	13
chī	吃	comer	11
chū	出	ir; salir	5
chūshēng	出生	nacer	5
chūzū	出租	alquilar	12
chūzūchē	出租车	taxi	12
chuān	穿	vestir; llevar puesto	14
chuáng	床	cama	11

D

dà	大	grande	3
de	的	de	5
de	得	partícula	15
dì	地	suelo	12
dìtiě	地铁	metro; subterráneo	12
dì	弟	hermano menor	7
dìdi	弟弟	hermano menor	7
diǎn	点	hora	10
diàn	电	electricidad	6
diànhuà	电话	teléfono	6
dú	独	solo	9
dúshēngnǚ	独生女	hija única	9
dúshēngzǐ	独生子	hijo único	9
duǎn	短	corto	14
duǎnkù	短裤	pantalones cortos	14
duō	多	mucho	5
duō dà	多大	qué edad	5
duōshao	多少	cuánto, cuántos	6
duǒ	朵	clasificador	15

E

ér	儿	sufijo	6
ěr	耳	oreja	15
ěrduo	耳朵	oreja	15
èr	二	dos	2

F

fà	发	pelo	15
fàn	饭	comida	11
fàng	放	dejar ir; soltar	11
fàngxué	放学	salir del colegio	11
fēn	分	minuto	10
fěn	粉	polvo; (color) rosa	13
fěnhóngsè	粉红色	(color) rosa	13
fú	服	ropa	14

G

gāo	高	alto	15
gē	哥	hermano mayor	7
gēge	哥哥	hermano mayor	7
gè	个	clasificador	7
gōng	工	trabajo	9
gōngzuò	工作	trabajar; trabajo	9
gōng	公	público	12
gōnggòng	公共	público	12
gōnggòng qìchē	公共汽车	autobús	12
gòng	共	público; común	12
guó	国	país	8

H

hàn	汗	sudor	14
hànshān	汗衫	camiseta	14
hǎo	好	bueno; bien	3
hào	号	número	4
hàomǎ	号码	número	6
hé	和	y	7
hēi	黑	negro	13
hēisè	黑色	negro	13
hóng	红	rojo	13
hóngsè	红色	rojo	13
huà	话	palabra; hablar	6
huān	欢	contento	13
huáng	黄	amarillo	13
huángsè	黄色	amarillo	13
huī	灰	gris	13
huīsè	灰色	gris	13
huǒ	火	fuego	12
huǒchē	火车	tren	12

J

jí	级	grado	8
jǐ	几	cuánto	4
jǐ suì	几岁	cuántos años	5
jiā	家	familia; hogar	6
jiàn	见	ver	3
jiǎo	脚	pie	15
jiào	叫	llamar; llamarse	3
jiào	觉	dormir	11
jiě	姐	hermana mayor	7
jiějie	姐姐	hermana mayor	7
jīn	今	ahora; hoy	4
jīnnián	今年	este año	4
jīntiān	今天	hoy	4
jīng	睛	pupila	15
jiǔ	九	nueve	2

K

kāi	开	abrir; conducir	12
kāichē	开车	conducir	12
kè	刻	cuarto (de hora)	10
kè	课	clase; lección	11
kǒu	口	boca; clasificador	7
kù	裤	pantalón	14

L

lán	蓝	azul	13
lánsè	蓝色	azul	13
lǎo	老	viejo; con experiencia	9
lǎoshī	老师	profesor/a	9
le	了	partícula	5
liǎng	两	dos	10
líng	零	cero	10
liù	六	seis	2
lù	路	camino	12
lù	律	ley	9
lùshī	律师	abogado/a	9
lǜ	绿	verde	13
lǜsè	绿色	verde	13

M

mā	妈	mamá	7
māma	妈妈	mamá	7
mǎ	码	número	6
ma	吗	partícula interrogativa	8
máo	毛	lana	14
máoyī	毛衣	jersey; suéter	14
méi	没	no	8
méiyǒu	没有	no tener; no haber	8
měi	每	cada	12
měitiān	每天	todos los días	12
mèi	妹	hermana menor	7
mèimei	妹妹	hermana menor	7
men	们	sufijo del plural	9
mì	秘	secreto	9
mìshū	秘书	secretario/a	9
míng	名	nombre	3
míngzi	名字	nombre	3
míng	明	luminoso; siguiente	4
míngtiān	明天	mañana	4

N

nǎ	哪	cuál	6
nǎr	哪儿	dónde	6
nà	那	eso; ese/a	7
ne	呢	partícula interrogativa	8
nǐ	你	tú	3
nián	年	año	4
niánjí	年级	grado	8
nín	您	usted	3
nín hǎo	您好	hola (a usted)	3
niú	牛	buey; vaca	14
niúzǎikù	牛仔裤	vaquero; jeans	14
nǚ	女	mujer; hija	9

Q

qī	七	siete	2
qī	期	período de tiempo	4
qǐ	起	levantarse	11
qǐ chuáng	起床	levantarse (de la cama)	11
qì	汽	gas; vapor	12
qìchē	汽车	coche	12
qù	去	ir	11
qún	裙	falda; pollera	14
qúnzi	裙子	falda; pollera	14

R

rén	人	persona	7
rì	日	sol; día	4

S

sān	三	tres	2
sè	色	color	13
shān	衫	prenda de arriba	14
shāng	商	negocio	9
shāngrén	商人	hombre de negocios	9
shàng	上	arriba; ir; subir	8
shàngbān	上班	ir a trabajar	12
shànghǎi	上海	Shanghái	9
shàngkè	上课	ir a clase	11
shàngwǔ	上午	(por la) mañana	11
shàngxué	上学	ir al colegio	11
shǎo	少	poco	6
shénme	什么	qué	3
shēng	生	nacer; estudiante	3
shēngrì	生日	cumpleaños	5
shī	师	profesor/a; maestro/a	9
shí	十	diez	2
shídiǎn	十点	las diez (horas)	10
shì	是	ser	4
shǒu	手	mano	15
shū	书	libro	9
shuí	谁	quién	7
shuì	睡	dormir	11
shuìjiào	睡觉	dormir	11
sì	四	cuatro	2
suì	岁	años (de edad)	5

T

tā	他	él	5
tā	她	ella	5
tào	套	cubrir	14
tiān	天	cielo; día	4
tiě	铁	hierro	12
tóu	头	cabeza	15
tóufa	头发	pelo	15
tuǐ	腿	pierna	15

W

wài	外	fuera	14
wàitào	外套	abrigo; sobretodo	14
wǎn	晚	tarde; noche	11
wǎnshang	晚上	(por la) noche	11
wáng	王	rey; un apellido	5
wén	文	cultura; civilización	5
wǒ	我	yo	3
wǒmen	我们	nosotros/as	9
wǔ	五	cinco	2
wǔfēn	五分	cinco minutos	10
wǔ	午	mediodía	11

X

xībānyá	西班牙	España	8
xībānyá rén	西班牙人	español/a (persona)	8
xǐ	喜	contento; gustar	13
xǐhuan	喜欢	gustar	13
xià	下	abajo; bajar	11
xiàwǔ	下午	(por la) tarde	11
xiàn	现	presente	10
xiànzài	现在	ahora	10
xiānggǎng	香港	Hong Kong	8
xiǎo	小	pequeño	3
xiǎoxuéshēng	小学生	estudiante de escuela primaria	8
xiào	校	escuela; colegio	12

Pinyin	Caracteres	Español	Lección
xiàochē	校车	bus escolar	12
xiàofú	校服	uniforme escolar	14
xīng	星	estrella	4
xīngqī	星期	semana	4
xīngqītiān/rì	星期天/日	domingo	4
xīngqīyī	星期一	lunes	4
xiōng	兄	hermano mayor	8
xiōngdì jiěmèi	兄弟姐妹	hermanos y hermanas	8
xué	学	estudiar	8
xuésheng	学生	estudiante	8

Y

Pinyin	Caracteres	Español	Lección
yán	颜	color	13
yánsè	颜色	color	13
yǎn	眼	ojo	15
yǎnjing	眼睛	ojo	15
yàng	样	aspecto	15
yě	也	también	9
yī	一	uno	2
yíbàn	一半	mitad	8
yì jiā rén	一家人	la familia	9
yīyuè	一月	enero	4
yī	衣	ropa	14
yīfu	衣服	ropa	14
yǒu	有	tener; haber	7
yuè	月	luna; mes	3

Z

Pinyin	Caracteres	Español	Lección
zǎi	仔	hijo	14
zài	再	otra vez	3
zàijiàn	再见	adiós	3
zài	在	en	5
zǎo	早	temprano; mañana; pronto	11
zǎofàn	早饭	desayuno	11
zǎoshang	早上	(por la) mañana (temprano)	11
zěn	怎	cómo	12
zěnme	怎么	cómo	12
zhǎng	长	crecer	15
zhè	这	esto; este/a	7
zhōng	中	medio	8
zhōngguó	中国	China	8
zhōngguó rén	中国人	chino/a (persona)	8
zhōngwǔ	中午	(al) mediodía	11
zhōngxuéshēng	中学生	estudiante de escuela secundaria	8
zhù	住	vivir	6
zǐ	子	hijo; niño	9
zǐ	紫	violeta	13
zǐsè	紫色	violeta	13
zì	字	carácter	3
zōng	棕	marrón	13
zōngsè	棕色	marrón	13
zǒu	走	andar; caminar	12
zǒu lù	走路	andar; caminar	12
zū	租	alquilar	12
zuǐ	嘴	boca	15
zuǐba	嘴巴	boca	15
zuó	昨	ayer	4
zuótiān	昨天	ayer	4
zuò	作	ejercer	9
zuò	坐	sentarse; viajar en (autobús, tren, etc.)	12
zuò	做	hacer	9